刻意暫停，再思考

傑米・萊斯特 Jaime Lester 著 楊詠翔 譯

PAUSE TO THINK
Using Mental Models to Learn and Decide

獻給每個熱愛創意的人，
特別是我美妙的家人。

目錄

前 言 7

PART 1 重要概念

第 1 章：認知偏誤 13

第 2 章：人文學科 25

第 3 章：投資和科學 61

第 4 章：經濟和商業 101

第 5 章：機率和統計 151

插 曲 187

PART2 重要架構

第 6 章：決策 193

第 7 章：學習 215

第 8 章：理解 247

第 9 章：投資 267

第 10 章：快樂 283

珍重再見 305

練習解答 307

相關資源及推薦閱讀書單 318

致 謝 326

前 言

數十年來，我都頗為享受閱讀心智模型相關書籍，我的書架上也塞滿了這些書，書頁中充滿各式各樣的心理學實驗，揭露了認知偏誤帶來的各種令人吃驚的結果，既有趣又富娛樂性。同時，也存在著一個小小的產業，目的便是要為動機滿滿的學習者提供各類心智模型資源：訂閱制網站、影音資源，當然還有更多的書籍。其中許多都承諾能提高你的智商，也會一併讓你賺大錢跟事業有成。有些每天透過電子郵件提供一點知識，也有些會提供廣泛詳盡的研究，包山包海含納各種模型。我幾乎嘗試過所有這類資源，卻仍然不滿足。

本書則是另闢蹊徑，可以說是某種中庸之道吧。我百分之百尊重針對心智模型的嚴謹學術研究，以及透過深入鑽研這類研究，所帶來對於人類行為迷人的洞見，但我同時也了解大家都**很忙，而某件你不會去運用的東西，就是沒用**。因此，本書的架構便是要盡可能以**簡短**又**難忘**的方式，一次介紹大量**有用**的知識。所以，本書只會討論 32 個相關概念，我認為這些概念，是最為重要，也是應用最為廣泛的，而詳盡的證據和實證的研究，則放在注解及推薦閱讀的篇目中。請相信我說的，但願意的話，你也可以自己去驗證。另外，最重要的還有，我也把這些概念劃分為更廣泛，也更可行的分類：決策、學習、理

解、投資、快樂。這本書連一絲多餘的脂肪也沒有，百分之百都是由健壯的肌肉組成，目的便是要協助你改善你的知識和情感生活，而我也誠摯希望你投資在閱讀這本書，吸收其中內容上的時間，會在你求學及職業生涯的最佳 CP 值投資榜上名列前茅。

話雖如此，本書就像人生中的許多事情一樣，可以視為是個終點，也是個起點。對那些追求高效入門，能讓你快速了解各式各樣可以替你生活帶來正面影響主題的讀者來說，這就是你的天選之書；對那些希望以此為起點，認識各種心智模型，並進一步深入學習與廣泛探索的讀者而言，這本書也相當適合你。至於那些根本就不知道心智模型到底是什麼，或者不明白它們何重要的讀者，我希望這本書同樣適合你，成為你理解這些概念的契機！

如果說讀完本書，你應該要學到什麼無遠弗屆、一體適用的原則的話，那就是：**花點時間，在思考前先刻意暫停一下，是非常值得的**。在進行重要決策之前**刻意暫停**，以便使用邏輯嚴謹的架構來協助決策；在學習新事物之前，先**刻意暫停**，以便搞清楚最有效率的學習方式；在妄下定論之前，先**刻意暫停**，直到你了解所有影響判斷的認知偏誤。你覺得心情不好時，也先**刻意暫停**，以便了解這些感受的根源，以及如何積極正面去反制跟解決。你不需要暫停非常久，但是養成在糾結的人生旋風中**稍稍退一小步**的習慣，將會帶來重大的回報。

我就先以定義這類詞彙開始吧，因為「心智模型」一詞多多

少少有些模糊，而且也可以在各種不同的脈絡中使用，所有模型都是對現實的簡化，用來協助進行合理的判斷，所以將這類想法進一步劃分成概念和架構，可說相當有用。「重要概念」一詞，指的會是那些足夠重要，可以在多個學科領域上廣泛應用的概念，而我在本書的第一部分中，將會討論 32 個這樣的概念。「重要架構」一詞，則是指將這類概念和其他想法結合，形成可操作的系統，可以協助改善你在不同領域思考的效能及效率。

你應該會覺得本書的編排方式清楚又簡潔，但本書篇幅雖小，並不代表內容簡單易懂——事實恰恰相反。內容其實頗為複雜，而且有時候還會是頗為反直覺的概念，你可能需要反覆思考個好幾次，才能真正理解。不過，還是希望你能享受這趟旅程，以及最終的收穫！

現在，**暫停一下**，深呼吸，然後我們就開始囉！

PART 1
重要概念

第 **1** 章

認知偏誤

人類的大腦已經演化了好幾萬年，擅於特定的任務，能提升主人的生存機率。我們的大腦在這個過程中，發展出了所謂的「心智捷徑」，又稱「捷思法」（heuristic），可以根據外在的刺激，來提升決策的速度。這在掠食者隨處可見、虎視眈眈的舊石器時代非常有用，即使到了今天，這個方法在某些情況下仍然非常有用。然而，在現代社會中，這些相同的捷徑也可能會導致糟糕的決策及意料之外的結果。例如，你根深柢固的直覺，可能會將所有外貌看起來和你不一樣的人視為潛在的威脅，並展現侵略性十足的反應，但這個方法很顯然是個錯誤的方式，在絕大多數的情境下，都不應該用來和陌生人互動。

況且，演化也使我們的大腦以雜亂無章的方式發展，我們就用一間在不同時期多次裝修的屋子來舉例。[1]屋子某一年裝設了中央空調，另一年安裝了新的管線，在那之後幾年又加建了一座露台。不幸的是，由於最初空調系統管線安裝的方式，新的管線不得不裝在房屋的外牆。現在，要是天氣變得夠冷，

那麼這些管線就有結凍並炸開的風險——不用說,這絕對是很鳥的設計!同樣道理,你大腦的每一次「裝修」,都協助了你的祖先以某種方式存活下來:在躲避掠食者、覓食、使用工具等層面上更有效率。但是這類「裝修」卻不是有意為之的設計,而是來自隨機的突變,所以雖然通常能一起運作得還不錯,有時這些適應卻會各行其是,甚至偶爾會嚴重互相牴觸。換句話說,你的大腦可說是一項威力無比強大、高度複雜、卻時而會故障的設備。

另一個簡化的模型,則是認為人腦擁有兩個獨立的問題解決系統。第一個是所謂的「快思」,在我們物種的演化中比較早發展出來,能夠快速做出決策,且大都是依據直覺。第二個系統則是「慢想」,並且運用了更為複雜的過程來評估情況,這對所有問題來說,通常都會獲得比較好的答案,但會需要花上極久的時間,而在生死交關的狀況下,你可能沒有這種餘裕好好思考!此外,除非強迫跳脫,否則大腦預設的思考模式也是「快思」,因為大腦仍是根深柢固會採取求生的思維。所以,如果有更多時間可以運用的話,通常最好還是推翻最初的決定,改用「慢想」的方式。這本書中的諸多建議,根據的便是以「慢想」的洞見,去取代「快思」的決策。

大多數讀者可能都會記得某種情境,他們當時對眼前狀況的立即反應,以後見之明看來都是不太好的。也許是一次倉卒撰寫的電郵回覆,當時你還在氣頭上,或是一時衝動購物,不久之後就感到後悔。也可能是表現出某種偏見,卻沒有反映出你

真正的感覺，或在籃球友誼賽中展現出了不必要的口頭或肢體侵略性。總之，大腦傾向過度簡化情境，並以快到不必要的速度做出反應，這有可能會帶來很多麻煩。

而這樣的動能也能應用在更長的時間尺度上，你的大腦會用「過度簡化」的濾鏡，去重新詮釋過往的種種事件。比如，很多人自我感覺太過良好，他們認為自己從事大多數活動的能力比一般人還好，但在統計上來說，這其實是不可能的，像是一般來說，我們的駕駛能力都很一般，可是卻很少人會這麼認為。[2] 這樣的過度自信，是源自我們的大腦對過往事件、原因、對我們造成影響的簡化，我們會把好的結果歸因於技巧，壞的結果則是運氣不好，而藉由騙自己來提升我們的自信心，有可能會提高生存機率沒錯，但這依然算是在自欺欺人！

你可能看過一些線上影片，會有各種題目、視覺錯覺、腦力激盪問題，讓你感到一頭霧水。[3] 這些影片的共通點，便是大腦會辨識出某種先前見過，或自以為見過的東西，然後抄捷徑來得到答案。問題在於，這些影片加入了某種不明顯的改變，且會劇烈影響結果，而大腦在急於找到答案的過程中忽略了這些差異，得出錯誤的結論。例如，就算句子裡漏了某些字，大腦在快速瀏覽句子的時候，依然會「看見」整個句子，同時也會忽略文件中的錯字。

以下是認知偏誤的幾個例子，但已經有數千份科學研究記錄了數百種認知偏誤，證明其存在與廣泛性：

過度自信： 人們常常認為自己在各種活動的表現上優於平均水準，實際上卻沒有任何證據可以支持這個說法。

從眾心態／社會證據： 人在從眾時會最舒服，所以即便某人知道某個答案是錯的，要是身邊的人都選擇錯誤的答案，那他很可能會跟著做。這個概念也可以應用到社會規範上，即使知道某個行為是錯誤的，但要是身旁的人都這麼做，那人們會傾向跟隨。

厭惡損失： 人們對損失和收益看法不同。因此，要是某個高報酬的投資機會伴隨高損失的機率，他們往往不會採取行動。同樣地，人們也不願意接受確定的損失，並因此願意在不利的賠率下冒險，以避免這種結果。

框架效應： 人們會按照數據傳遞的方式，包括口頭、視覺、脈絡差異來進行詮釋，而非客觀的資訊本身。

錨定效應： 人們會使用既有的知識當成參照點，所有額外的資訊都會併入這個參照點中，因此便會看似相對好或相對差，視錨定的參照點而定，即便參照點本身很可能是徹底抽象武斷、站不住腳的。

確認偏誤： 人們會去尋求能證實他們原先想法的事物，並忽略或不那麼重視和既有假設牴觸的資訊。這個現象之所以會出現，是為了降低認知不一致的壓力，即同時在腦中思考互相矛盾概念的困難行為。

敘述謬誤： 比起混亂又複雜的現實，人們比較喜歡能編織進連貫紮實故事中的解釋，因而會支持以故事為基礎的解釋，即

便事實很可能不是如此。

後見之明：人們會以對自己最有利的方式，用後見之明去看待結果，這涉及到後悔導致糟糕結果的決策，即便這類決策在做決定的當下，其實是最佳決策。如前所述，這也會導致人們傾向將好的結果歸因於自身能力，是理所當然的，壞的結果則常歸咎於運氣不好。

最近可取用性：人們在決策時會過度重視最近期、最容易回想起的數據和經驗，但這完全只是因為這些記憶在大腦中最為鮮明。

在上述每個情況中，我們的大腦都會誤判資訊，並因此導致不適當的行為發生。換句話說，上述的每一個偏誤，便是在描述你的大腦在絕大多數情況下會做出什麼事，除非你有好好監督。可以把你的大腦想像成一個小孩，如果沒有你從旁輕輕提點，它會在未經真正深思熟慮的情況下做出決定。而就像孩子一樣，大腦有時候也需要暫停一下，所以如果你願意的話，讓它**暫停**一下！

這些概念聽起來多少可能有點抽象，不過我敢打賭，你一定經歷過以下這些情境，而這些情境都可以追溯到一個或多個認知偏誤：

- 某個朋友跟你說她考試表現得有多好，並將此歸因於「她有多麼聰明」，卻忽略提及試題內容大量側重在某

個章節上，而她剛好幸運地在前一晚有溫習過。（**後見之明**）

- 你的兄弟建議你去幫你女兒申請進擊劍隊，因為他兒子才剛靠著擊劍獎學金進入常春藤名校達特茅斯學院（Dartmouth College），但他沒提到他兒子的朋友同樣也是一位優秀的擊劍選手，卻沒有申請上。（**確認偏誤**）

- 你在店裡看到一件要價 200 美元的 T 恤，覺得太貴了，可是當你看到同一件衣服打 25 折時，卻覺得價格合理，即便花 50 美元買一件 T 恤其實還是……挺貴的。（**錨定效應**）

- 你和朋友打撲克牌，然後輸了 1,000 美元，他們於是向你提議如下的交易，好協助你「谷底翻身」。假如下一張翻出來的牌點數是 10 點或更大，你就能拿回你所有的錢，但如果不是，你就再欠 1,000 元。而你接受了這個頗低的機率，因為你希望能夠打平損益。（**厭惡絕對損失**）

- 你女兒想和朋友去哥斯大黎加玩，你拒絕了，因為旅途中有半數時間都是在海邊渡假村。然而，她還是讓你改變心意了，她告訴你另一半時間會花在為當地的低收入居民蓋房子上。（**框架效應**）

- 你問某個朋友，開公司總共要募多少錢，她回答「10 億美元」。你進一步詢問最糟的情況會是什麼，比如要是從投資人那邊募到的錢低於這個數目，那她就要被迫剁掉一根手指。她回答說，她想像得到的最低金額是 5 億

美元。根據這個說法，你決定加入這間公司，結果公司最後只從投資人那邊募到了 2,500 萬美元。（**過度自信**）

如前所述，世界上已經出版了數千篇心理學研究，顯示出存在著上述這些以及其他數百個認知偏誤。然而，在讀過這些研究的冗長討論後，我發現學習如何避免這些偏誤，其實並不是最棒的方法，因為實在有太多資訊要記得了，根本就記不住！如同你會在之後某個章節中所學到的，我們的大腦運作得最好的時候，就是在能夠將大量的數據，組織劃分成獨立的種類時，而這正是我在此要做的。我認為，絕大多數的認知偏誤都可以追溯回以下 3 種經過消化的原則之一：

我們喜歡覺得自己很棒。

我們會運用各種故事，而非數據，來詮釋世界。

我們會根據直覺做出判斷，並且頑強堅持。

表 1.1 提供了一張列表*，是維基百科上的各種認知偏誤，並歸類為如下的簡易架構。[4] 假如你點開維基百科的條目，你會發現還列出了更多，我大可以也收錄在這裡，但我希望你已經懂我的重點了。此外，也有一些偏誤無法乾淨俐落地歸類在這個架構中，但數量不多。

表 1.1 認知偏誤

自尊	故事而非數據	理智斷線的判斷
確認偏誤	群聚錯覺	錨定效應
錯誤共識	交集謬誤	信念偏誤
過度自信	基本比例謬誤	月暈效應
控制錯覺	忽略可能性	前景理論
鄧寧－克魯格效應	熱手謬誤	歸因偏誤
行動偏誤	框架效應	可取用性偏誤
後見之明	伯克森悖論	刻板印象
假獨特效應	錯覺相關性	倖存者偏差
巴南效應	忽略持續時間	天真實在論
處分效應	賭徒謬誤	預設效應
稟賦效應	分開加總效應	客觀錯覺
難易效應		結果偏誤
從眾		效度錯覺

＊譯注：如同本段所說，作者在本表中列出各式偏誤的用意，是要提醒讀者
注意各類偏誤較廣泛的 3S 分類，而非要詳細論述每一種偏誤，因此，若
讀者對此有興趣，可參見注 4 中作者所提供維基百科列表的中文頁面，其
中針對許多偏誤，皆有提供簡易解釋，可供參考。

請記住以下三個 S：

自尊（Self-esteem）
故事而非數據（Stories not statistics）
理智斷線的判斷（Snap judgments）

要是你能夠記住這些分類，同時接受你畢竟是個人，因此容易犯下這些偏誤，那你就可說是朝著消滅這類傾向，跨出了重要的一大步。

在此值得一提的還有，「你」和你的大腦並不一樣。我會避免進入形上學討論，不會談要組成「自我」需要些什麼，或是靈魂是否存在，又是否是位於人類體內。我只是要說，在這個「快思」和「慢想」的思考機制架構中，你應該要把你那些「慢想」的想法，視為是反映出了你這個人真正的樣貌。把你的大腦和其中產生的所有思緒，當成等同於你的身分、自我、或其他人格概念，可說頗為自然，然而，你大腦的「快思」機制會產生的，其實時常是各種充滿批判、獸性、甚或帶有偏見的想法。擁有這些想法令人不快，且即便我們通常會排斥這類想法，但光是想法出現，就能導致負面的情緒。我們都有過這樣的經歷，這也是我們生而為人不可或缺的一部分。話雖如此，對於我們的人性更為重要的指標，其實是我們的「慢想」腦開始產生作用，以反制這類充滿缺陷的心理過程這一件事。

最重要的是，務必記住你的大腦是以一種對生存有利的方式演化的，且是在一個數萬年前便已存在的世界中，而這一系列標準，和在今日的世界中能夠讓你感到快樂、健康、成功的標準並不相同。事實上，我們大腦的機制，還特別演化成防止我們變得太開心呢，因為在史前時代，這可能會導致沾沾自喜，從而提高我們被吃掉的機率。會去做日光浴的穴居人，八成活得不夠久，無法將他們的基因傳遞下去！

我還有最後一點想說，特別是對那些抱持著懷疑的讀者。你可能已經注意到，我前面都是在假設，卻沒有提供縝密的證據，至少，我希望你有注意到這點啦，批判性思考是個非常重要的技能！然而，雖然帶著這股活力，我也不是要你就這麼將我的話照單全收，認為這些認知偏誤確實存在。即便有許多心理學實驗能夠支持上述假設，在眼前這個時刻，並不需要去證實或反駁任何事[5]，我們只需要承認以下事項即可：

1. 根據大量的實驗數據和廣泛經驗，許多人確實擁有這類以及其他許多種認知偏誤。
2. 因為你是人，所以你也有頗高的機率，會犯下某些相同的錯誤。
3. 而積極覺察這類傾向，將讓你能夠反制並避免某些糟糕的結果。
4. 況且，把這件事記在心裡，還真的沒有半點壞處可言。

現在既然我們已經結束了這趟認知偏誤小旅行，我們就可以繼續介紹其他源自五花八門學術領域的重要概念了。如同你之後將會了解的，在我們旅程的起點討論這類偏誤，可說相當重要，因為這些偏誤已交織在我們學習上的許多層面之中，而且我們甚至也頗能理解大多數有關心智模型的書籍，為何會大幅聚焦在討論這個主題上，因為思考及討論相關主題實在是非常有趣。話雖如此，這只不過是我們旅程的開始而已。

務必記得，無論何時，只要你其中一項認知偏誤開始顯現，或是在你應該「慢想」時，卻用上了「快思」，那就趕快**刻意暫停**一下。在做出了理智斷線的判斷之後，趕緊**刻意暫停**一下，重新考慮其中的邏輯；在按照表象接受某個敘述以前，也趕緊**刻意暫停**一下，好好檢視背後支持的數據。現在也趕緊**刻意暫停**一下來複習「3S」，並牢牢深植在你腦海中！

注釋

1. 這個比喻來自丹尼爾‧列維廷（Daniel Levitin）的《過載：洞察大腦決策的運作，重整過度負荷的心智和人生》（*The Organized Mind*）一書，而所謂「快思」和「慢想」比較的模型，則來自丹尼爾‧康納曼（Daniel Kahneman）的著作《快思慢想》（*Thinking, Fast and Slow*）。

2. 其實我的駕駛能力遠高於平均，但被我兄弟遠低於平均的駕駛能力抵銷了。

3. 這包括網路上的許多視覺錯覺圖影片和腦力激盪問題，可參見 https://www.youtube.com/watch?v=LcpliVYfEqk 或是 https://www.youtube.com/watch?v=rqvadvWZCgU.

4. 「認知偏誤列表」，維基百科，最後修訂日期 2023 年 4 月 3 日，https://en.wikipedia.org/wiki/List_of_cognitive_biases.

5. 話雖如此，有鑑於第 8 章〈理解〉中所討論的「重現性危機」，我們也應該要多注意，不應盲目依賴這類研究才對。

第**2**章

人文學科

　　心理學、宗教學、哲學是共享同一主題的 3 門學科：全都關心我們認識自己的方式，包括個體層面以及和更大群體之間的關係，即我們身處的社群甚或全人類，以及我們因而該表現出怎麼樣的行為。對於我們自身的心理健康而言，這類主題顯然極為重要，且對社會這個整體來說也是。

　　宗教學和哲學是提供許多建議的領域，但這些建議有時會彼此衝突。比如，某個注重個人權益的哲學學派，和另一個著重最大化整體社會利益的分支，就可能會提供不同的建議；而一個宣揚普世一神信仰重要性的教派，帶領信徒前去的方向，也會和提倡廣泛包容所有信仰的宗教不同。然而，大多數宗教教派和哲學學派仍共享許多原則，而我們將會聚焦在這些原則上。

　　心理學可以既是觀察式，「人們似乎按照特定的模式行動」，也是規範式的，「人們就**應該**這樣行動或思考」，其中便包含第 1 章討論的認知偏誤研究，以及更深入也更複雜的人

類思維及行為模式研究。

　　邏輯學是另一個自古以來便存在的學科，關注的是正確論證的研究，因此，相關的概念和我們的討論有關，也就一點都不令人意外！

　　最後，我也會借鑑藝術世界的「透視」概念。透視法通常是用在寫實畫上，連結真實世界和我們對世界的認知，進而顯示兩者有多常會出現歧異，端看觀點的轉變。我希望我在第 1 章中已經好好闡釋了這樣的分歧，且這也會是本書不斷重覆的主題之一。

身心連結

身心連結

學科：心理學

概述：身體和心靈基本上是相連的，且會影響彼此的運作。

為何重要：承認心理健康有可能影響到生理健康，且身體的生理需求也可能會造成心理功能的損害，對於活出精采人生可說是非常重要。

學科內範例：研究顯示正向思考和生理健康改善有強烈的關聯性。

學科外範例：運動會促進生長因子產生，生長因子則是會促進腦中的血管新生及腦細胞的健康。

討論：我們常常傾向將身體和心靈視為獨立及分隔的。你的心靈負責「思考」，並告訴身體該怎麼做，你的身體則是負責進行這些動作，並讓大腦繼續活著。兩者基本上是在不同的領域中運作，只會偶爾重疊。然而，事實其實更為複雜，特別是以下幾點：

1. **你的感受可以改變你的想法**：冥想便能提升認知和決策上的表現。[1]

2. **你的行為可以改變你的感受**：刻意微笑的這個行為，即便沒有特定理由，仍會讓你感覺更加開心。現在來微笑一下吧，是不是覺得心情更好了？

3. **你的大腦會藉由釋放皮質醇和其他壓力荷爾蒙，來應對壓力**：這會改變你的感受、你對外在刺激的反應、甚至會縮短你的壽命。

4. **睡眠比你以為的還更重要：**睡眠不足可能會損害短期認知功能，並減少你的預期壽命（如果常常這樣的話）。

5. **和「真正」的藥物相比，在減輕痛苦上，安慰劑效應可能擁有同等甚至更大的影響：**花點時間想想這點吧，假的藥丸，也就是所謂的「糖果」，和耗資數十億美元跟數百萬個小時研發創造的藥物一樣可以治療疾病。我們的大腦實際上就是會運用相當有效率的方式，「治好」我們的身體。[2]

6. **心理回饋循環：**許多回饋循環同時涉及心理和生理過程。例如，在演講前覺得緊張會讓人冒汗，而冒汗又會令人更加緊張。

7. **痛苦全都只是存在你腦中而已：**感受到「痛苦」的過程由大腦調節，感覺神經元會發射訊號，然後訊息傳遞至大腦處，並將其解譯為「痛苦」。

8. **你就跟你感覺的一樣老：**穿著和表現彷彿像是只有 55 歲一樣的 75 歲男人，在認知、記憶、視力的檢測上，全都出現進步[3]，所以保持年輕的想法吧！

9. **出門去！**你周遭的事物也可能會影響你的壓力程度和思緒清晰度，到大自然中走走，而不是在都市環境中，可以降低壓力和負面想法，並提升整體的心理健康。

因為上述跟其他許多原因，了解生理和心理及情緒過程間的交互作用可說十分重要：

- 你八成很有可能，應該有過幾次吧，因為肚子餓而火大，你可能會說這叫「餓氣」。
- 你最近可能過度疲累，因而無法完全發揮出你的智力或生理潛能。
- 你可能是在某個為你帶來極大壓力的環境中生活或工作，而這對生理和心理會造成嚴重影響。

雖然我們直覺上能理解睡眠和飢餓會造成影響，卻通常無法體會到其他無數種身體和心靈互動的方式，而為了在兩者上都登峰造極，我們必須兩邊都好好注意。

練習

1. 請解釋飢餓、疲累、壓力爆棚，如何影響你的生理表現或決策過程。
2. 有些人的神經系統運作方式和大多數人截然不同，他們肯定感受不到生理上的痛苦，這算是好處嗎？
3. 什麼是「跑者嗨」（runner's high）？這又怎麼能協助解釋某些人對激烈運動的熱愛呢？

解答見 307 頁

效益主義

效益主義

學科：哲學

概述：行為是否合乎道德，應由行為本身能否為大多數人帶來最大的整體利益來決定。

為何重要：在大多數案例中，合乎道德的方式將會最大化社會的整體利益。即便這一規則存在一些重要的例外情況，但無論是在小型團體或大型團體上，本規則都能夠廣泛應用，包括運用在公司的顧客和員工身上。

學科內範例：你站在一個轉轍器旁，看見一輛電車正朝一群小孩而去，他們被綁在列車行進路線的鐵軌上（參見圖2.1）。你可以使用轉轍器將電車轉往另一條軌道去，救這些小孩一命，但這樣會殺死另一個無辜的人。效益主義的觀點認為，你應該採取這個行動，因為這樣可以拯救更多條人命。

圖 2.1：電車難題。感謝 McGEddon 透過維基共享資源授權，CC BY-SA 4.0，參見 https://commons.wikimedia.org/wiki/File:Trolley_problem.png。

學科外範例：你有一把可以給 3 個人撐的傘。你正朝某個方向走，因為撐著傘一點都沒濕，這時你看見另外 3 個人朝反方向走，全身濕透。你應該把傘給他們，同時希望暴雨停了之後

他們會還你，因為讓 3 個人不淋濕比只有一個人乾還好。

討論： 效益主義最著名的討論是在 18 世紀末由哲學家邊沁（Jeremy Bentham）所提出，認為按照最大化最大人數利益的原則行動，是決策時最公平的方式。假如有 20 個人想去看電影，只有 5 個想去公園，那這群人選擇去看電影應該會比較合理。然而，這個方式也必須兼顧團體內個別成員的感受，以及每個結果會對他們帶來的好處或傷害。比如說，假如要去看的那部片超級恐怖，而團體中的其中一名成員會整整做一個月的惡夢，那強迫那個人去看電影就一點都不公平。而且也並不存在什麼簡單的答案，每個狀況都是複雜的，因為大家的需求和感受也同樣複雜。

從純粹理性的基礎看來，效益主義似乎是個頗具吸引力的道德哲學選擇。不幸的是，這並不會考慮到基本的人權或正義，若是來到邏輯的極端，依賴效益主義可能會導致某種極度不道德（immoral）或無視道德（amoral）[4] 的結果。正是因為這個原因，現代的哲學家才將效益主義的原則，與人權重要性的基礎假設結合。例如，羅爾斯（John Rawls）便提出了另一種版本的效益主義，認為行為要合乎道德，必須同時最大化快樂且所有個體在行為發生之後，都會變得更好才行。

在商業領域中，效益主義則是條潛規則，指引著許多決策。資源通常會根據市場的規模和潛力進行分配，利益最大化則要求將投資的資本用於最具生產力的用途上。人力資源的決策，一般來說也是按照該怎麼做才會為最大數量的員工帶來好

處去決定。然而，成功的事業也必須回應顧客或員工的個別需求，必須要了解隨之而來的效率不彰，是遠遠無法跟這對公司的文化及聲譽帶來的好處相提並論。

練習

1. 你的朋友們今晚想做什麼的偏好等級如下，你覺得該怎麼做才能帶來最符合效益主義的結果呢？為什麼？

	保齡球	兵乓球	看電影
小明	1	2	3
小華	1	3	2
小美	3	2	1
小英	3	2	1

2. 若要決定最佳結果，效益主義在以下哪個情境中有可能是錯誤的系統，並不適用？

   A：每年獻祭一個活人給女神，以求風調雨順、五穀豐收。

   B：拆除一間小公寓，以興建最先進的醫院。

   C：徵收大家一半的存款，重新分配給較窮的人。

   D：刪減臨終照護預算，以支付疫苗費用。

3. 效益主義不只能夠應用在為一大群人或整個社會做出決策，也適用於資源稀缺時。假如你一周只有 50 美元的伙食費，該怎麼運用效益主義來制定購物清單？

解答見 307 頁

需求金字塔

需求金字塔

學科：心理學／宗教學

概述：人類的幸福仰賴許多因素，其中某些是基本的，像是食物和水，但其他需求同樣也很重要，例如擁有親密關係還有從職涯及個人成就上得到滿足等等。

為何重要：人類有基本需求，這些需求是為了避免受苦，包括食物、空氣、水和居所。然而，為了有機會體會到幸福，就必須滿足情感需求，而這個概念便探索了其中某些需求。

學科內範例：心理學這個學科，關注的是人類心理和行為的運作，而這也是理解人類幸福感和動機的其中一個模型。

學科外範例：人們一開始可能很輕易就能得到滿足，想想看小朋友和新玩具吧，但隨著時間經過，滿足的代價會越來越高。部分原因是來自習慣化（habituation），即心智會「重設」要產生化學刺激所需達成的成就感程度；另一部分則源自一種生物性的驅動，目的是要達成成就。更高階層的需求通常也更難達成，雖然不是全部，但美國大多數人吃得都不錯，也有地方能住，不過擁有高自尊以及真正的自我實現感，也就是實現了一個人潛能的感受，這樣的人可說少之又少。

討論：1943 年，心理學家馬斯洛（Abraham Maslow）提出了這個有關人類動機的理論，他認為必須先按照順序滿足每層金字塔的需求，才能處理更上層的需求，雖然嚴格來說，這似乎並不是正確的。這個「需求金字塔」和人類的成長相似，比如說孩童成長期間的腦部發育，且也能應用在數個商業和公共領域中，參見圖 2.2。例如，可以思考一下員工動機結構的

問題：光給錢夠嗎？還是說其他層面，比如責任和尊重其實也一樣重要呢？研究結果顯示，答案是後者。而這個架構也和印度教提出的類似，認為雖然人類起初只需要食物或物質即可滿足，最終仍是需要智性和靈性上的動機，才能達成完滿。

這個概念也完全吻合「必要 VS 充分」的邏輯構造。例如，氧氣對火焰燃燒來說就是必要的，但並不充分，還需要燃料跟火花才行；食物對人類的快樂而言也是必須的，但也不夠充分，依然需要愛、安全感、成就感。專注在必要的事物上很重要，像是賺夠多的錢繳帳單，不過也必須記得，這並不足夠，反而只是更大藍圖的其中一部分而已。

圖 2.2：需求金字塔

練習

1. 除了食物、水、睡眠、住所之外，請舉出 3 項你沒有就活不下去的東西。

2. 許多宗教信徒都會刻意忽略他們的生理需求，或渴望專注在他們的靈性發展上，這該怎麼用馬斯洛的架構解釋呢？

3. 許多職涯也同樣擁有學習金字塔，例如醫生就得經過大學、醫學院、一般醫學訓練、分科醫學訓練等階段。你認為對於職涯的滿意程度，會必然隨著你的訓練和專業能力提升嗎？

解答見 307 頁

己所不欲，勿施於人

己所不欲，勿施於人

學科：倫理學／宗教學

概述：己所不欲，勿施於人原則認為，應該要用自己想要受到對待的方式，去對待他人。

為何重要：這個接近普世性的人類行為格言，是個強大的規範，在決定某個行為是否合乎道德時，可以援引考量。

學科內範例：西元前 400 年，希臘雄辯家伊索克拉底（Isocrates）曾寫道：「勿對他人行他人對你行時，你會感到憤怒的行為。」此後，所有主流的宗教便都多少融入了這條教誨。

學科外範例：湯姆以前會把吃完的碗盤留在員工休息室裡，等著其他人放進洗碗機，但後來他發現，換作是他，也不會喜歡幫同事擦屁股的，因此決定要改正這個行為。

討論：道德推理的研究涉及創造基本規則，這些原則能指引我們理解該如何才能過上有美德的生活，像是「不可殺人」。然而，這類原則在不同的哲學學派間，可能會大相逕庭，例如，許多學派認為如果有助於人類生存，那麼殺動物是可以接受的，比如在藥物的臨床實驗中，不過也有人反對。有些學派也可能會認為，死一個人總好過死 100 個人，即效益主義，其他學派卻覺得不應該刻意犧牲任何生命。話雖如此，大多數的宗教教派和哲學學派似乎都頗能接受「己所不欲，勿施於人」這項原則，這項原則也幾乎沒什麼爭議。

「己所不欲，勿施於人」根據的是一個極度直覺且簡易的前提：「我不應該對其他人做任何會傷害對方的事，而決定該行

為是否會造成傷害的合理方式，便是我會不會想要其他人對我這麼做。」即便這項原則可能缺乏細節，大致上說來，仍是個很不錯的起點，可以用來思考各種道德及哲學問題。

　　但願你沒有虐待他人的習慣，且這項原則已成為你的天性之一。話雖如此，我還是懷疑你在經歷了某些挫折之後，無論大小，仍時常會對自己頗為苛刻，某種程度上來說，這也是人類的天性之一。不過，要是你反轉[5]這個前提，你就會發覺，以下這件事其實是符合道德的：

「用待人的方式律己。」

　　換句話說，看待自己的標準其實不用過於嚴厲，就跟對待朋友或同事一樣即可。要是某個你認識的人犯了個錯，你通常會展現出同理和寬恕，或許還會試著幫助他們不要重蹈覆轍，你應該不會就這麼斷然否定他們，並因此覺得他們是個糟糕的人。在職場上，如果某個同事犯下一個無心的過錯，你也許會感到失望，但應該很快就會不當一回事了。所以，當你犯下類似的錯誤時，記得也要對自己同樣寬容！

練習

1. 如果你要試著跟幼稚園小朋友解釋「己所不欲，勿施於人」，你會怎麼說？
2. 假如其他人不遵循，那麼在現實生活中，遵循「己所不欲，勿施於人」合理嗎？
3. 文化差異在「己所不欲，勿施於人」的概念中，扮演什麼樣的角色？大多數社會是否擁有足夠相似的價值觀，相似到這項原則能夠跨文化應用？

解答見 308 頁

互惠

互惠

學科：心理學

概述：互惠指的是人類的傾向，會回報好的行為，並懲罰壞的行為。

為何重要：互惠是受到最廣泛遵循的社會規範之一，在許多情境中都會產生影響。能夠辨識出互惠什麼時候被人運用，以及什麼時候自己應該運用它，會是項非常強大的工具。

學科內範例：在某項早期的實驗中，研究者隨機寄了節日賀卡給數百個陌生人，而大多數人也都回寄了賀卡，其中許多還是手寫的訊息。

學科外範例：慈善組織常常會送免費的禮品給潛在的捐贈者，包括郵票、托特包、節日賀卡、愛心筆。一旦人們收到並接受這些禮物後，如果沒捐點錢，往往會覺得頗為內疚。

討論：人類大腦發展的方式，會獎勵正向的群體行為。協助你團體內的另一名成員生存，不管是藉由一起打獵、防禦攻擊或分享庇護所，之後都會得到回報。因此，對於那些基因傾向會幫別人忙，並回報別人的人而言，可說具備了演化優勢，因為他們的群體會以具備效率的方式合作，以提高生存機率。我們的物種演化到了現階段，這個傾向也已根深柢固，要是不回報其他人的慷慨，大多數人都會覺得內疚。

和己所不欲，勿施於人很類似，互惠訴諸的是一個人的公平感，這是個強大的驅動力，我們孩提時便已發展出來。拿了好處卻沒有回報，似乎不太公平，我們也會感覺有哪邊不對，即便我們直覺上知道，且父母也會提醒我們，人生本來就不是公

平的,我們卻依舊相信人生**應該**要是公平的才對。[6]

　　當然,這個傾向也有可能會被利用。無恥之徒就有可能藉由創造出互惠感來欺騙他人,做出和自身最佳利益相反的行為。家人、同事、其他職場上認識的人,可能會主動幫個「小忙」,然後期待獲得特殊待遇作為回報。就連前面提到的慈善組織,也會耗費大量的資源,包括筆、包包、郵票、運費,以此讓人們感到內疚而捐款。了解這點,並讓自己免除所有強迫互惠的責任,將能讓你按照自身的最佳利益決策,而不需要負擔人為的義務感。

練習

1. 街上有個人硬塞給你一個小飾品,然後還拒絕拿回去,並要求你捐錢。他看起來很友善。你會怎麼做?
2. 朋友借錢給你,這樣你就不會被房東掃地出門,你之後也還錢給她了。後來,她要求你幫她藏一大袋看起來像是非法毒品的東西,因為這是「你欠她的」。你會怎麼做?
3. 為什麼(通常)男人會在酒吧請女人喝酒?這個行為背後是否隱藏某種期待或是社會契約?

解答見 308 頁

奧坎剃刀

奧坎剃刀

學科：邏輯學

概述：解釋越簡單，正確機率就越高。

為何重要：通常，最好的答案都會是最顯而易見。最好盡可能簡化分析，而非不必要地複雜化。

學科內範例：愛因斯坦的狹義相對論、達爾文的演化論、普朗克的量子力學理論，全都仰賴著某種單純的假設，或說科學文獻內所謂的「簡約」（parsimony）。

學科外範例：一隻會在泥地裡留下巨大足跡的多毛動物，更有可能是頭熊，而非雪人。[7]

討論：在創新的歷史上，有許多著名的例子，其中複雜的解釋便敵不過簡易的解釋。托勒密的地心說宇宙模型，就被哥白尼的日心說模型取代，因為這樣相關計算會變得簡單許多，而之所以會變得更簡單，是因為這是正確的計算！然而，這並不是說簡易的概念就永遠是正確的，比如牛頓力學就敗給了愛因斯坦的相對論。

也許更棒的奧坎剃刀版本會是：如果有辦法的話，就盡量簡化，但不能只是為了簡化而簡化。如同愛因斯坦據說說過的：「一切都應該盡可能保持簡單，但不能過於簡略。」你可以把這個方法從理論延伸到實務上，無論是完成任務（不管是在家裡或是在工作上）、創造藝術和文學，甚至是決策，所有這些活動都容易被不必要的多餘事項所干擾。相較之下，應該採用美國海軍的宗旨「保持簡單，笨蛋都能懂！」才對。

這個概念跟機率緊密連結，簡易的解釋在統計上來說是更

有可能的。為一項解釋加入多種條件，以便讓解釋更符合證據，也會加入額外的可能性，使得條件不成立，進而導致一體適用的解釋正確機率降低，這是一個數學常理，我們在本書稍後會再更詳細討論機率。比如，一架飛機因為同時有 2 個零件故障，再加上大風而墜毀，可說是 3 個機率極低事件同時發生的巧合，這種情況發生的機率簡直微乎其微，姑且說是千分之一乘千分之一乘千分之一，那就是十億分之一的機率，但飛行員的操縱失誤是更簡易的解釋，所以也是更有可能的解釋。

相關概念：漢隆剃刀

漢隆剃刀（Hanlon's Razor）這句格言認為，如果事情可以歸因於愚蠢，那就永遠不要歸因於惡意。換句話說，如果有人做了件讓你覺得不齒或不當的事，你一開始應該先往正面想，也許他們只是犯了個愚蠢的錯誤而已，或者他們可以合理解釋為什麼會有這樣的行為，比如亂開車是因為要趕著去醫院。即便他們有可能就只是個爛人，但一般來說，最好還是在耗盡其他所有解釋之後，再訴諸這個最糟糕的解釋會比較好。

練習

1. 你上禮拜每天都去跑步，結果開始腳痛，但這也有可能是骨頭長腫瘤的跡象，你應該去照個 X 光確定一下嗎？

2. 所謂「優美」的數學證明或電腦程式碼，意思是使用簡約的方式或以最低限度的力氣解決問題，為什麼在這些領域中，簡潔尤其重要呢？

3. 作業遲交最有可能的解釋是哪個？是狗吃掉了，還是家裡漏水泡爛了，或是學生自己忘記做了呢？

解答見 309 頁

反轉

反轉

學科：邏輯學

概述：有時候，透過逆向思考或是「反轉」問題，會比較好解決。

為何重要：常常，成功之道其實在於避開失敗，並且不要讓過程變得過度複雜。

學科內範例：假如「所有鏡子都亮晶晶的」這句陳述為真，那麼反轉過來的陳述「如果不亮晶晶，那就不是鏡子」，也會為真。

學科外範例：一間試圖提升員工工作滿意度的公司，也會考量所有導致對工作不滿意的因素，包括低薪、缺乏目標、缺乏責任、缺乏升遷機會等，然後試著降低這些因素的影響。

討論：從原因開始，並以結果結束，看似是個頗為自然的順序，但是問題解決不一定總是線性的。通常，我們藉由檢視結果，接著在原因與結果之間進行推斷，其實可以更容易辨識出原因。

另一個理解反轉的方式，則是我們換成考量事實的反面，或者問「假如這樣，會怎樣呢？」。我用自己的經驗舉例，我籃球打得不怎麼樣，還有很大的進步空間，而籃球打得很鳥的人會有什麼樣的特質呢？他們會頭低低運球、防守懶散、投籃姿勢不穩定等等，而這些毛病我都有嗎？當然有，而且全部都中了，所以我正努力改正這些習慣。[8]

對許多目標而言，保持一致是成功的重要因素，而反轉正好能協助我們提升這項特質。在運動、商業、學術、投資等不同

領域，避免錯誤幾乎總是比是否擁有才華更重要。反轉讓我們看清應該改掉哪些壞習慣，才能達到我們期望的一致性。

反轉也會警告你那些你可能沒考慮到的風險。「事前驗屍」（premortem）這個概念，便鼓勵你事先考慮多種你可能會失敗的方式，以及失敗背後的原因，接著，你就可以努力避開這些陷阱。巴菲特的長期事業夥伴暨反轉最著名的提倡者之一查理・蒙格（Charlie Munger）就曾說過：「我只想知道我會死在哪，這樣我就永遠不會往那裡去。」查理差點就活到 100 歲了，所以這個方法可以說很有用，雖然不是十全十美啦！

即便這個概念可能不太能引起你的共鳴，或是和其他概念相較之下，看似沒那麼好用，我們在本書第二部分的架構段落中，依然會不斷重回這個方法。因為如同我所發現的，一旦你開始認為避開缺點比追逐優點還更棒，那你就會滿腦子都是這個想法，甩都甩不掉！

練習

1. 行銷部門可以如何運用反轉，來改善行銷宣傳呢？
2. 研究關係觸礁最常見的肇因，能怎麼協助你鞏固婚姻？
3. 反轉能怎麼樣改善你的財務健康？

解答見 309 頁

觀點

觀點

學科：藝術

概述：對某一情況的詮釋，可能會因個人的生理或知識觀點不同而出現巨大的差異。

為何重要：所有外部資訊都會經由人腦處理，而這個過程有時多多少少有些抽象難解。在我們的世界中，幾乎沒有絕對的真理，更多的是對同一事實的多種不同觀點。務必記得要考慮你所處的情境是如何形塑你觀點，並同時能夠欣賞其他人不一樣的經驗。

學科內範例：從近距離看某個小物體，看起來會好像很大，而從極遠處看一個巨大的物體，看來則會很迷你。

學科外範例：當你體會到事情其實沒有真的那麼糟或那麼嚴重，那來自失敗的失望通常會退去。可以這麼說，只要你「眼光放遠一點」就行了。

討論：某期著名的《紐約客》雜誌封面，曾將紐約市描繪為世界的中心，其他州和國家相較之下則幾乎消失不見[9]，這幅畫作不僅捕捉到了觀點的物理現實，即遠處的事物看來會較小，也捕捉到了心理現實，也就是人類無可避免會受到他們的成長背景和教養形塑。同樣的一連串事實，可以用天差地別的方式詮釋，因為個體是透過自身意見、社會規範、偏見、信仰系統的濾鏡，來檢視這些事物的。例如，一名精力旺盛不受控的小孩，要不是象徵著家長疏於管教，就是在慶祝著青春洋溢的自由，也可能兩者皆是！

這個現象既問題重重又美妙無比。問題重重是因為人類之間

的衝突時常會因這類迴異的觀點而加劇，美妙無比則是在於這帶來了豐富的體驗，以及能夠設身處地為他人著想的能力。有個老故事，描述 5 名盲人第一次遇上大象，每個人摸的都是不同的部位，因此，其中一個人碰到大象尖銳的象牙，認為牠很危險；另一個人抓到大象的小尾巴，所以覺得牠很弱小；第三個人則是握住象鼻，並相信大象是蛇的一種，以此類推。這個寓言意在闡述意見的多元，以及尊重不同的觀點，因為每個人都有理由相信他們的信念。但是，所有人的評論最終都是錯的，因為無法欣賞整體。換句話說，雖然理解並欣賞其他人的觀點很重要，但跳脫情境，從夠遠的距離檢視也相當重要，因為這樣才能揭露真正的本質。

如同在欣賞藝術作品時，當你靠得太近，就可能無法好好判斷其重要性。同時在實際上和心理上後退一步，有助於提供脈絡並促進更好的理解。升職時跳過了你，在當下可能讓你很受傷，但如果從數十年的時間尺度來看，其實不太可能會對你的職涯軌跡造成嚴重影響，這樣的經驗還可能會激勵你精進自己的技能，從而在未來取得更大的成功。把這個情境視為一個正面的學習經驗，而非失敗的例子，比如將其視為克服障礙的滿足，而非唉唉叫竟然會發生這種事，對於你的心理健康也會帶來有益的影響，可以回想一下前面介紹過的**「身心連結」**。[10]

即便「觀點」（perspective）一詞源自 14 世紀，且是和光學的科學有關，字根直譯的意思其實是「看穿」，因此，不難理解各式同義詞，包括態度（attitude）、脈絡（context）、

心態（mindset）、視角（viewpoint）和參考坐標系（frame of reference），為什麼都是在表達心靈對於外在事件的詮釋。當然，觀點轉換一個老生常談卻又重要的範例，便是盯著一杯水看時，究竟是視為半滿，還是半空。

觀點的概念可以用好幾種不同方式應用。「內部」方式會找一個情境，並試圖根據其獨特的事實脈絡獨立理解，「外部」方式則會試圖尋找類似的情境或數據，並根據規模更大的這些範例來預測結果，事實上，就是統計分析。這兩個方式都很有幫助，因為所有的情境和先前的情境都有異同之處，研究和常理指出，假如技巧在決定某活動的結果上扮演要角的話，那就應該更側重「內部」方式，而要是運氣吃重較多，那就應該顛倒過來。[11]

「史學史」（historiography）一詞，指的是對歷史以及關於同一事件的不同歷史書寫之間的差異的研究。即便我們小時候學到的是歷史，是公正摘要各種事實及事件，但事實上，歷史其實是由撰寫者所形塑的——那些打勝仗的人、勝過其他文明的文明、受到政府官方批准的記述。所以閱讀歷史時，務必要記得，永遠都存在著沒有被呈現出來的其他觀點。

我還想到了其他諺語。「放眼大局」可以顧全大局，但可能無法對情況通盤理解；「見樹不見林」指的則是因為卡在細節中，而看不見更大的觀點；「放膽作夢」聽起來也很讚，除非你真的太大膽了！這也讓我不禁思索：「哪來這麼多關於觀點的陳腔濫調啊？」

練習

1. 心理勵志專家建議用「我要來」取代「我必須」一詞。比如,「我要來載我的小孩去練習足球」,這為何會是個有用的練習呢?

2. 你的觀點是如何受到你對自身職涯、家庭、身體健康的期望所影響的?

3. 實境秀《臥底老闆》(*Undercover Boss*)的內容是執行長會臥底到他們的公司裡工作,大致上說來,這對他們而言為何會是個珍貴的經驗呢?

解答見 309 頁

注釋

1. Sai Sun, Ziqing Yao, Jaixin Wei, and Rongjun Yu, "Calm and Smart? A Selective Review of Meditation Effects on Decision Making," *Frontiers in Psychology 6* (2015): 1059, https://www.ncbi.nlm.nih.gov/pmc/articles/PMC4513203/.

2. Brian Resnick, "The Weird Power of the Placebo Effect, Explained," *Vox*, July 7, 2017, https://www.vox.com/science-and-health/2017/7/7/15792188/placebo-effect-explained.

3. 可參見尚恩・艾科爾（Shawn Achor）《哈佛最受歡迎的快樂工作學》（*The Happiness Advantage*）一書中的討論。

4. 根據字典的定義：「不道德」描述的是可以區別是非，卻不管怎樣還是故意選錯誤那邊的人，「無視道德」指的則是雖然了解什麼是對，什麼是錯，但在行動時卻毫不關心道德問題。

5. 更多有關反轉的討論，可參見第 51 頁，以及本書全書。

6. 不過，說真的，人生從沒公平過。

7. 然而，如果足跡是在雪地裡，那就有可能是雪人了，因為熊會冬眠。

8. 不過我還有很長的路要走啦！

9. 參見《紐約客》雜誌，1976 年 3 月 29 日，https://www.newyorker.com/magazine/1976/03/29.

10. 可參見蓋瑞・畢夏普（Gary Bishop）《別耍廢，你的人生還有救！》（*Unfu*k Yourself*）一書中的討論。

11. Michael Mauboussin, "The Base Rate Book," Credit Suisse, September 26, 2016, https://plus.credit-suisse.com/rpc4/ravDocView?docid=gIamqy.

第**3**章

投資和科學

　　本書稍早討論過的許多認知偏誤都源自投資相關研究，精確來說，是 1970 年代興起的「行為經濟學」領域。在那之前，經濟和金融市場學者都假設參與市場者是理性、懂數學、且專注在最大化投資回報上的。然而，實驗結果顯示，人類往往是不理性、數學差、也沒能力預測哪種結果對自己會是最好的。這讓專家不得不承認，他們精巧的數學模型到頭來還是無法精準捕捉現實情況。

　　雖然大部分的金融知識紮根於基礎的數學（例如，債券的價格通常只要用一道簡單的公式就可以精確計算出來），卻依然存在著巨大的價格波動，是受到人類的心理和情緒決定的。而其中某些因素，會導致投資人不斷做出糟糕的投資決定，使得以量化或電腦程式驅動的模型，能夠藉由跟這些糟糕的選擇對賭獲益。

　　事實就是，就算數十億美元的資金處於風險之中，大多數人仍無法改變他們理智上明知有缺陷的行為傾向。[1] 這顯示出這

類認知偏誤有多麼強大，而你在這趟幫助自己擺脫這類偏誤的旅程中，必須謹記這趟旅程絕對不是一路平順，毫無險阻！

　　除了金融領域，本章介紹的各個概念也來自科學領域，包括生物學、化學、物理學、醫學和工程學。科學方法在追尋我們世界的真理上，可說是最棒的工具了，沒有之一。因此，應用科學概念在提升思考效率上扮演要角，可說毫不令人意外。

期望

期望

學科：投資學

概述：成敗並非由絕對的結果決定，而是由結果跟期望的關係而定。

為何重要：人類生活大多數的面向都包含著期望，成功、快樂、滿足，甚至是股價都反映了這個動力，因而明確了解期望可說非常重要。

學科內範例：據說 Meta 公司的季度收入為 60 億美元，和去年同期相比成長 25％。即便這樣的成長頗為健康，卻因投資人預期成長 30％，因此 Meta 的股價在消息曝光之後大暴跌。

學科外範例：你很興奮要去看一部新上映的電影，因為影評很讚，而且你很多朋友都跟你說這是他們這輩子看過最棒的片之一。你去看了，雖然覺得還不錯，卻認為評價有些過譽了。所以，雖然你看了部好片，卻因為先前的期望太高，反而對這次的體驗感到失望。

討論：用絕對的方式去思考很自然，但世界絕大部分都是根據相對的基礎在運作，你的財富、成績、高度，本身並不會帶來滿足，而是要經由和朋友跟同事的比較，才能決定你在同儕團體之中的相對位置。[2] 如同我們在第 10 章討論「快樂」時會看到的，這樣的相對濾鏡，經常會是不滿的來源，因為我們會不斷把自己和最親近的同儕比較評判，並發覺自己在某些層面有所欠缺，而非去欣賞我們所在的絕對位置。

在投資領域中，期望也在價格波動上扮演要角，而且重要到基金管理人、政策制定者、企業管理團隊，全都會把積極管理

投資人的期望當成他們工作的一部分。而在現實生活中，期望
甚至還可能更重要，這牽涉的範圍極廣，且也能應用在以下層
面上：

你對他人的期望。

他人對你的期望。

你對自己的期望。

體認到表現是否符合預期，通常會比絕對的結果還更重要，
也可說頗為關鍵。比如一名被看好奪冠的奧運選手，假如
「只」贏得了銀牌，那她就會大失所望，即便她是該項運動中
世界第二好的運動員。[3] 身為教師的成功職涯應該也要令人頗
為心滿意足才對，除非你總是抱持著這樣的期待，認為你有天
會成為美國總統。晚餐吃肉捲也可能會讓你很爽，除非你原本
期待今天的晚餐是墨西哥玉米餅。

另一個重點還有，要認清在絕大多數情況下，你都會形成期
望，無論是否明確承認。由於期望很有可能已經就定位，而你
的滿足程度會受到期望決定，所以你讓這些**無形**的期望，變成
明確的期望，也可說相當重要。如果你不經歷這個過程，就會
很難理解你的快樂或失望背後深植的原因。讓我再繼續深入闡
釋這點一下，因為這實在是重要到不行。

在你人生大多數的面向中，你對於你達成的成就程度都會擁
有期望。這其中包含了一切，從成績和學業成就，到運動能力

和社會地位，還能進一步延伸到個人和事業成就。無論這些期望是你自己形成的、你的家長或老闆替你設定的、或社會在你沒有明確同意的情況下，強制加諸在你身上的，這些期望都切切實實存在。假如你無法達成這些期望，你就會覺得不開心，甚或更糟糕。要是你不事先對自己開誠布公，認清自己擁有這些期望，你甚至可能無法理解自己為什麼會有這種感覺，這就只會是股在你胃部深處的不適感，直到被心理諮商師給挖出來。

避免這個情況的最佳方式，就是把這些期望從一個未經詳細檢視的狀態，變成一種有意識的評估，這樣的話，萬一你真的失敗了，你就能理解你的失望，並且正視處理。更重要的是，你可以事先質疑這些期望，並決定其是否合理、是否反映出你目前的優先目標、並讓你能夠過上最棒的生活。要是不合理，那你就可以，而且也應該視情況調整！

同理，對於你的工作，以及你負責管理的人的工作，設立明確的期望也相當重要。獎勵和升遷的標準是否足夠清楚呢？所有相關人士又是否都了解呢？身為一個曾身處負責獎勵及受到獎勵這兩個位置的人，我可以證明這個過程實在是非常重要。不過請注意，我在這裡談的並不是設立目標的過程，以及要如何雄心勃勃去達成，所有企業對於自身的各種誘因結構，都擁有各自的策略，我只是要指出，無形的期望在沒有成功達成時，將會冒著傷害工作關係的風險，尤其是當結果可能涉及到財務懲罰時。

練習

1. 特斯拉公布了他們的季度成果，新聞稿看似頗為慘淡，因為收入暴跌了 50%。然而，那天的股價卻漲了 20%，這可能會是什麼原因呢？

2. 你為了某個考試準備得非常認真，並認為你對內容瞭若指掌了，結果你只考了 90 分，而且非常失望。下次考試你則沒什麼讀，並預期會考很糟，但你同樣考了 90 分，然後爽到不行，該怎麼解釋這個現象呢？

3. 有個朋友正在幫你煮晚餐。你聽說他超會煮菜，而且很期待想親自嘗試看看，然而，他已經事先警告過你，他少了一些食材，所以可能會沒那麼好吃。不過，你真的吃完之後，依然覺得很好吃，此外，你還懷疑他事實上根本就沒有缺半點食材，你的朋友究竟在玩什麼把戲呢？

解答見 310 頁

風險 VS 獎勵

風險 VS 獎勵

學科：投資學

概述：雖然有多種定義，但一般會將風險理解為負面結果發生時所造成的損失。相較之下，獎勵則是好結果發生時，預期會獲得的收益。而正是這些好壞結果的相對「嚴重性」及「可能性」，決定了一筆投資的吸引力。

為何重要：只專注考慮風險，會讓你害怕到不敢行動，只聚焦在獎勵上，則會讓你顯得過於天真。事實是，幾乎所有的決策都應該要考量兩者，而正是兩者的相對機率，讓你能夠決定是不是要放手一搏。

學科內範例：你現在有個投資計畫，獎勵是假如事情順利，你可以獲得 15％的回報，風險則是要是出了差錯，你將損失 50％的錢。由於你認為順利跟出差池的機率相等，於是決定不投資，因為風險和獎勵不成比例。

學科外範例：你正在考慮離開穩定的工作，去某間新創公司打拚，此舉的風險在於薪水大砍，獎勵則是擁有有可能大發利市的公司股權。你認為改善的工作環境已大略被新工作帶來的更大壓力抵銷掉了，而由於那間新創公司成功的機率頗低，所以你股票的預期價值也很低，最終你決定留在現在的公司。

討論：有很多方式可以定義風險，不過在此，風險代表的是某決定潛在的損失，用金融術語來說，就是假如投資表現不佳，你會損失多少錢。而在真實世界，則是潛在的負面結果，不管是財務上、聲譽上、事業上、情感上、生理上，你在做這個決定之前，就已深知這有機會涉及損害或損失了。眾所

皆知，獎勵也和風險形影不離：要是狀況最後順利發展，好處或優點會是什麼呢？是高到可以補償負面的風險，還是實在太低了，以至於你不應該冒進？

正是在風險和獎勵的交叉路口，決定了一筆投資是否吸引人。就算某筆投資只有微乎其微的潛在好處，許多厲害的投資人，假如同時也相信這筆投資幾乎不可能虧錢，就像存款帳戶裡的現金，那他們也會很樂意掏錢的。同理，也有一些投資極具巨額收益的潛力，但也有可能會一次虧光所有的投資金額的風險。[4] 當然啦，應該避開的投資是那些高風險低報酬的，離遠一點就對了！

這也適用在人生上。尋求高報酬低風險的情況，總是百利而無一害。例如，剛從商學院畢業時加入一家新創公司，最糟糕的狀況是你學到新技能，並在一個令人興奮的環境中工作，而最棒的狀況（即便可能性不大）則是你會變成一間市值很高且成功的企業的草創期員工。相較之下，應該要避免的情況是把車借給一個無法信賴的朋友，最好的狀況是車子好好地開回來沒有解體，但同時卻有許多潛在的負面後果，需要好好考慮。

當然，你在決定時，無法得知每個結果的確切機率，所以你得運用你當時手邊所擁有的資訊來進行最佳評估。此外，也得警告你一下，量化風險通常比量化獎勵還要簡單，所以你不該單單只是因為風險起初更為明顯，就被嚇到而選擇不要繼續下去，花點時間好好透徹思考獎勵為何，接著再盡可能做出最佳決定吧。

練習

1. 哪個是更棒的投資呢？是投資 100 美元，有 50％的機率可以拿回 2 倍的錢，另外 50％的機率則是會損失 25％的錢？還是投資 100 美元，有 10％的機率可以賺到 10 倍，另外 90％則是全部輸光呢？

2. 你認為去念法學院的「風險」何在？

3. 你檢視了一項投資，並決定獎勵不值得冒險，你的朋友也思考了同樣的狀況，卻得出完全相反的結論，這該如何解釋呢？

解答見 310 頁

複利

複利

學科：投資學

概述：複利指的是不只投資的原始金額，也就是本金會生利息，先前累積的利息也會生利息。

為何重要：愛因斯坦曾稱複利為「世界第八大奇蹟」，所以這肯定是很厲害的吧！長時間形成的利息會以指數累積，而指數成長也會隨著時間加速，1 美元如果每年複利 20％，過了職涯平均長度的五十年後，就會變成超過 9,000 美元，對，你沒看錯。話雖如此，找到一種投資能夠在半個世紀內稅後還有 20％的回報，才是棘手的部分。

學科內範例：鮑伯了解越早開始為退休存錢，效率就越好，於是他做了表 3.1 的計算，20、30、40、50 歲時各存 1,000 美元會獲得的價值，假設他 65 歲退休，且每年都能兌現 10％的投資回報的話。

表 3.1 退休存款的逐年價值

開始存錢的年紀	退休時 **1,000** 美元變成的價值
20 歲	90,017 美元
30 歲	33,115 美元
40 歲	12,182 美元
50 歲	4,482 美元

學科外範例：細菌雖然體積小，繁殖速度卻很快，在適宜的環境中，每三十分鐘數量就會翻倍，這表示一天過後，細菌數目就會來到 2.8×10^{14}，而一周後就會超過 10^{100} 了。指數成長能帶來一些驚人的結果！話雖如此，這只有在細菌有足夠食物的情況下才會發生，而事實上它們不會有足夠的食物，因為已知的宇宙中只有 10^{80} 個原子，而且還不是全部都可以吃喔！

討論：從財務的角度理解複利可說十分重要，因為這讓你在安排預算和其他規畫時，能夠事先預測銀行帳戶和其他投資的收支。然而，複利和指數成長的概念——即隨著時間經過，可能會出現可觀的倍數成長——也可以廣泛應用在各類概念上，比如一個人的聲譽、學習、健康上。隨著時間的推移，小小的進步便能形成複利，或累積成巨大的改進，也就是說，持續、逐漸的進步是值得追求的。

然而，這也可能會對你不利。要是你去借錢，而且沒辦法償還本金，那你不僅需要支付最初的借款利息，還要為累積的利息支付利息，這就是為什麼卡債會變得如此可怕，許多人都發現自己在卡債的無底洞中越陷越深。

複利的相反則是所謂的「金錢的時間價值」。如果以 10％ 的利率計算，100 美元在兩年後會變成 121 元（100 元 ×110％ ×110％，利息按年複利計算）。所以，為了在兩年後得到 121 元，你今天會接受投資 100 元（假如你能夠得到 10％ 的利率，且最後能獲得同樣收益的話）。此處的財務原則，是你越快能拿到錢，那錢就越有價值，更廣泛的原則是時間也擁有價

值，因為時間賦予了你自由及選擇性，可以同時投資你的金錢和你的個人發展。

成長的相反是衰退，就像小朋友在暑假時忘記學年間學過的東西一樣。幸好，指數衰退代表你每年會越虧越少，因為同樣比例的衰退，是套用在更小的基數上。話雖如此，還是值得記住，所有的知識庫都有著自然的衰退率，要是你想維持，就必須積極去抵銷才行。要是你在中學時曾學過某種語言，但之後卻沒有經常使用，你就會明白我的意思！

另一個相關的觀察，是保護資本免於損失的重要性。投資範例時常會假設穩定持續的成長，但在現實世界中，永遠都有機會出現某種巨大的壞事是徹底的毀滅，要是這真的發生了，那從數學上看來，不管什麼數目乘以零，永遠都只會得到零，不管先前或之後的報酬本來有多高。同理，要是你一輩子都過著奉公守法、恪遵道德的生活，某天卻犯下了十惡不赦的罪行，那你的名聲將永遠跟恥辱與惡名昭彰掛鉤。所以，還是好好守護你的財務跟聲譽資本吧！

練習

1. 要是投資 100 美元，且年利率是 12%，那麼十年後會變成多少錢呢？

2. 在 2000 年網路泡沫的高峰時，投資人認為股市未來的年利率會是 30%，這是從前五年的成長率推估而來的，但為何這類期望不太可能會是準確的呢？

3. 學習跟複利有何相似之處？

解答見 310 頁

清單

清單

學科：醫學

概述：人腦在某些層面上強大到不可思議，但在執行某些基本任務時卻又會失敗，其中一項便是記住各類事項、行為、例行公事。因此，製作一張清單，會讓結果出現顯著的改變。

為何重要：清單是項簡單卻強大的工具，能夠抵銷人腦的固有弱點，同時也提醒了我們，外部工具可以大幅提升我們的心智表現。

學科內範例：動手術是個複雜的任務，但它是由許多基本步驟組成的，包括使用正確的工具，按正確的順序切割等等。很多在手術過程中發生的錯誤，並非源自缺乏技巧，反倒是一些相當簡單，而且完全可以事先避免的問題。在手術室引進檢查清單之後，這類錯誤出現的頻率就大幅降低了。

學科外範例：飛行員在每趟飛行之前也有要檢查的清單，投資分析員則使用清單來確保自己已經考量過多種金融標準了，許多人也會固定使用「待辦」清單來確定他們不會忘記日常的任務。

討論：提醒自己我們的大腦在執行某些功能上很優秀，做某些事時卻很兩光，可說相當重要。幸運的是，大多數人腦覺得頗具挑戰性的任務，電腦都做得很好，包括計算、複雜的清單、重複的動作。而仰賴清單則會讓這變得極為容易，不管是實體的、電子的、或專門的程式，不需要試圖在腦中記住複雜的活動或程序清單。

有趣的是，採用清單最常見的障礙似乎是自尊心和認為使用

清單是一種弱點的想法。你可能會認為你的工作需要這麼多的技巧，一張簡易的清單根本就不可能幫上忙，但別忘了，如果戰鬥機飛行員和外科醫生在經過數十年的專業訓練後都需要檢查清單了，那麼你使用清單來協助在複雜的現代生活中指引方向，就根本沒什麼好丟臉的。

在葛文德（Atul Gawande）所著的《清單革命》（*The Checklist Manifesto*）一書中，作者聚焦在清單為各式領域帶來的好處上，包括醫學、商業、建築、執法。查理‧蒙格也是投資領域中的清單鐵粉之一。事實上，不少市值數十億美元的公司，他們的工作流程管理軟體基本上就只是個非常炫泡的檢查清單而已！

練習

1. 請舉出幾種大家日常生活中使用的常見清單。
2. 清單可以如何跟奧坎剃刀概念互補呢？
3. 除了手邊隨時帶著一張紙之外，還有哪些方法可以用來列清單？

解答見 311 頁

冗餘

冗餘／安全邊際

學科：工程學

概述：工程師設計各式橋樑、車輛或醫療植入物，會在大小、成本、效率等限制下，盡可能提高其安全性。為了達成目標，他們會計算潛在的壓力和其他耐受度，並確保材質和設計足夠穩固，可以承受這些力量。最後，他們還會再加點緩衝以策安全，或是以防他們漏掉了哪些事。這就是所謂的冗餘（Redundancy），或稱安全邊際（Margin of safety），能夠防止災難性的後果，以防出乎意料的事件發生。

為何重要：人生無可預測，所以事先為某種糟糕的發展做計畫很重要，尤其是當失敗的後果很嚴重時。

學科內範例：某座橋樑預計一次最多可供 20 輛卡車通行，每輛卡車重約 9 公噸，然而，工程設計時是可以承受 100 輛卡車的重量的，所以橋樑即便在最糟糕的情況下，也不致崩垮。

學科外範例：某個炎炎夏日，你要去健行，並預計會喝掉將近 950 毫升的水，於是你帶了 1900 毫升，以防你迷路、天氣特別炎熱、或朋友帶不夠。

討論：「瞻前顧後」、「有備無患」、「防患未然」，這些諺語都在提醒我們，生活在一個危機四伏的世界，應該準備一些額外的緩衝，以便安然度過。雖然我們可以預測潛在的結果，但也必須為意料之外的情況做好準備。也就是說，不僅要預期每年都會來的暴雨，也要替五十年一遇的颶風做好準備。

如果擁有足夠的時間和深謀遠慮，人腦是可以理解各式各樣的風險，並計算其潛在影響的，不管是在現實世界，或金融世

界中都可以。這些便是所謂「已知的已知」，例如橋上會有幾輛卡車，還有所謂「已知的未知」，像是大約每十年就會侵襲一次的巨型颶風。但我們的心智在預測「未知的未知」[5]時，表現就沒那麼好了，而這可能會造成同等災難性的後果，比如外星人入侵，或是旋風。[6]為了應對這些額外的不確定性，有個緩衝還是比較慎重，這就稱為「安全邊際」，能夠在災難性的情況中保護我們。這個概念在投資界中非常流行，巴菲特和賽斯‧克拉爾曼（Seth Klarman）等投資大老都會用來降低資本損失的風險，以防之後證實他們的投資論點其實是錯誤的。

相關的還有，最好有多個備案，以防其中一個選項失敗，這不僅能運用在問題解決上，在人生中也是如此。假如你花了多年時間訓練成為一名職業網球選手，結果有天手臂卻受了大傷，那你未來的選項就會大幅受限。因此，只要有辦法，就應該在你的生涯規畫中加入冗餘的概念，即便這樣的冗餘往往會被「浪費」，畢竟從定義上來說，這就只是以防萬一時使用而已，但還是應該將其視為一項寶貴的因素，以降低壓力、提高彈性、增加協商籌碼、整體上也會讓你更快樂。就像很多人永遠都不會從他們的火險中得到半毛錢（因為大多數人的家不會沒事就付之一炬），但他們依然能安穩入睡，因為知道自己擁有保護措施，可以免於災難性風險的威脅。

練習

1. 你正在為一趟背包客之旅打包，你想盡量輕裝上陣，但還是想準備好面對各種可能的天氣，你該怎麼解決這個問題呢？

2. 你正在為公司設計極度重要的數據中心，你會想蓋在哪呢？

3. 要是發生意料之外的狀況，大多數美國人都沒有額外的 500 美元存款應急，這為什麼會是個問題呢？

解答見 311 頁

回饋循環

回饋循環

學科：生物學

概述：某些系統，包括生物體內和社會內的，都會因應改變而自動調整及反應，可能是積極的強化行為，即輸出增加會觸發活動活躍，也可能是消極的，即輸出增加會觸發活動減少。

為何重要：回饋循環相當常見，有時也會帶來負面後果。藉由辨識出這類循環的存在，將讓你能夠在有好處時依靠，有壞處時則可以阻止情況加劇。

學科內範例：人體的溫度需要維持在 37℃ 附近，如果溫度超過，大腦就會促使汗水釋放以冷卻身體，要是降得太低，大腦則會加快身體的新陳代謝，將血液轉移至體內。

學科外範例：全球暖化造成的地表升溫，正導致極地冰川加速融解，由於冰能夠反射陽光，而不是像水會吸收太陽的能量，所以冰融化時，地球其實會吸收更多能量，因而更快變暖。融化的冰越多，全球暖化的速度就越快，而溫度變得越高，剩下的冰又會更快融化。

討論：你在工作上獲得優良的績效評價時，有可能會得到一些財務上的獎勵，且一般來說，你的老闆和同事也會讓你覺得自己很棒，而這將會鼓勵你工作得更勤快，也更努力一點。因此，你強勁的表現會接續到下個年度，甚至還可能表現得越來越好，這便是個非常基礎的積極回饋循環，因為你得到的回饋，將會把你的行為往相同的方向推得更遠。

在消極的回饋循環中，過程中的輸出則會讓過程減緩下來。一個相當常見的例子，便是當某個企業從顧客或員工調查中得

到「負面回饋」，並運用這些評論來改善其實質的運作。或是當某個東西的價格上漲，並影響了顧客的需求，最好的方式就是恢復原先的價格，以最大化整體的利益。

分辨某件行為是隔絕且獨立的，還是會引發後續結果或餘波，即所謂的「第二階段影響」（second-order effects），也相當重要。大多數時候，採取行為並不會造成更進一步的後果，比如某個人吃了根香蕉，故事結束。[7] 然而，某些行為可能會觸發其他反應出現，進而減緩或放大該行為。在生物學中，這類「回饋循環」的目的是要維持人體的平衡，比如說正確的溫度及酸鹼度等。在人際互動中，回饋循環也無時無刻都在發生，假如你很不爽，你可能會大吼大叫，而這又會導致其他人不爽，他們接著大吼大叫又會讓你壓力變大，衝突於是升溫。或者，你可能在其他人面前犯了個錯，害你臉紅，而這個生理反應讓你更尷尬，導致你接著犯下更多錯，然後臉就越來越紅，變得跟豬肝一樣紅。

如果在過程中出現了回饋循環，那你應該要理解這是哪種循環，這樣假如結果不如預期，你就能採取適當的行動阻止。同理，假如你能創造出對你有利的回饋循環，就能夠帶來你想要的結果。詹姆・柯林斯（Jim Collins）在《從 A 到 A+》（*From Good to Great*）一書中談到所謂的「飛輪效應」，即事業一旦建立了動力和成長後，就會有很大一部分變成自我驅動的，這便是一種積極回饋循環，事業的成功創造出正面的名聲和來自顧客和合作夥的認可，而這又會驅動進一步的成長。

練習

1. 籃球中，有一種現象叫「手感發燙」，即認為球員在投籃時可能會連續投進或連續投不進。關於這個現象的證據莫衷一是，但如果這是真的，你可以怎麼用回饋循環來解釋呢？而要是事實並非如此，你又如何能同樣運用回饋循環來解釋？

2. 以下何者為有利回饋循環的例子？

   A：你去運動，然後一堆人稱讚你看起來很健康，所以你想再繼續多運動。

   B：你找到一個皮夾，物歸原主，然後獲得了微薄的報酬。

   C：你從餐桌上拿食物餵你的狗，所以牠一直待在桌旁討吃的。

3. 你是個足球教練，試圖讓球員們練習盤球，你可以如何展開積極的回饋循環，來鼓勵這件事？

解答見 311 頁

活化能

活化能

學科：化學

概述：化學反應也許可以自我維持，但仍需要注入能量才能開始。

為何重要：在科學上和人生中，都有些反應「應該」要開始進行的狀況——萬事具備。然而，卻仍需要東風或外部的刺激，才能展開整個過程，之後反應就會自我驅動了。

學科內範例：要是你混合鎂和氧氣，那就會燒得很旺，直到所有元素都燒光為止，但這個反應是不會自動展開的，除非至少有一部分的鎂被加熱至 245℃。而展開反應所需的能量，便稱為活化能。

學科外範例：山姆非常喜歡踢足球，但當他躺在沙發上時，卻毫無半點穿上短褲和釘鞋的動力。他需要一些助力才能從沙發上起來，準備好去踢球。可一旦他開始踢球，就可以開開心心踢上好幾個小時。

討論：即便渴望某種結果，人、動物、過程其實都需要一點小刺激才會展開行動。這就像慣性一樣，物體自然地傾向保持靜止不動，除非被迫打破這個狀態。就像肥皂盒賽車需要先推一下，才能開始從山頂往下衝（之後重力就會接管）一樣，有時候人也是需要一點刺激跟推動的。

這邊借用一些化學專有名詞，會釋放能量的放熱反應，照理來說應該會自然而然發生才對，但通常並不是這樣子。這就是為什麼木頭並不會自燃，雖然一旦有一部分著火，剩下的部分通常也會跟著燒起來，這個反應是自我持續的。不過，木頭一

開始還是需要活化能，才能展開整個反應。[8]

　　同樣的動能，也會出現在一群嘗試展開深度對話的陌生人之間。開啟話題其實不容易，社交上還蠻尷尬難為情的，也得先找到一個合適的話題。然而，對話一旦開始之後，通常都會自然而然地滑順進行下去。與新認識人交談所需的這股活化能，可能會阻礙令人心滿意足的社交連結產生，所以值得我們想辦法去克服這個「障礙」。

　　在商業世界中，活化能也可能以其他形式出現，像是說服某個顧客嘗試新產品、替複雜的新專案寫出頭幾行程式碼、開始逐步培養更好的習慣，就像詹姆斯・克利爾（James Clear）在《原子習慣》（*Atomic Habits*）一書中詳盡討論的那樣。[9]「萬事起頭難」，因為這涉及動機、風險、改變，而人類總是很難去面對這些事情。

　　要說服他人踏出起頭的那一步，最好是讓這一步盡可能簡單。在生物學中，有種分子叫作酵素，功能是催化劑，能夠降低必要的活化能，讓反應能夠更快展開，參見圖 3.1。在上述所提的人際互動中，催化劑則可能會是破冰遊戲、來點背景音樂、或一起吃頓飯；而在商業上，催化劑可以是免費兌換券、限時優惠、或其他精心設計的激勵系統。

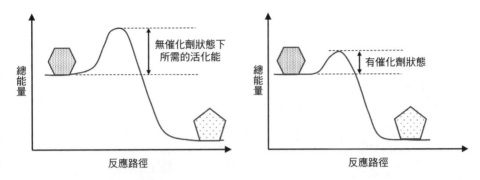

圖 3.1：無催化劑和有催化劑狀態下的活化能

練習

1. 化學老師說，為了展開某種反應，你要不是需要透過將反應物加熱到93℃來提供活化能，就是藉由加入催化劑來降低活化能，這樣的話，你只需要加熱到51.6℃即可。哪個方式比較好？

2. 你很愛打沙灘排球，但實在很難找到停止觀看Netflix，然後開車去沙灘的動機。你可以運用哪些技巧，來降低你的「活化能」呢？

3. 咖啡因是否算是個有用的方法，適合用來降低你展開一天的活化能？

解答見 312 頁

選擇 VS 結果

好選擇／壞結果及壞選擇／好結果

我把一生積蓄都投在一筆投機的投資裡，結果成功了！

這似乎是個壞選擇，卻帶來了好結果。

然後我以時速 160 公里開回家，都沒被攔下來。

又是個壞選擇帶來的好結果。

我到家時，沒有叫披薩，而是吃了一堆蔬菜，結果花椰菜讓我瀉賽。

很遺憾聽到這件事，有時你做了好選擇，卻會得到壞結果！

我學到教訓了，從今以後只做壞選擇！

學科：醫學

概述： 只因為某件事的結果是好的，並不代表這是個好選擇，反之亦然。

為何重要： 區隔決策過程和觀察到的結果，可說極為重要。我們可以控制決策，並蒐集資訊以做出更好的選擇沒錯，但結果永遠都無法百分之百預測。專注在改善我們的決策過程上，時常會帶來好結果，不過也不一定總會這樣，可是我們依然不應該讓這些偶然的失敗對我們產生負面影響。

學科內範例： 歷經了棘手的懷孕過程後，寶寶在分娩時有風險。儘管如此，醫生仍決定要自然產而非剖腹產。後來寶寶健康生下，但是當醫生檢查其生命體徵時，卻發覺這次生產的風險比她一開始以為的還高很多，其實只有 10％ 的機率不會出現併發症，也就是說，她做了個糟糕的決定，卻幸運地得到很棒的結果。走廊另一頭的孕婦則是懷孕過程非常順利，醫生輕鬆地選擇了自然產，但這一次，一種發生率僅 1％、罕見的併發症造成新生兒狀況不佳，這便是好選擇帶來壞結果的例子。

學科外範例： 你把車開去給技師看，對方跟你說煞車應該要更換了，因為在高速狀態下有 25％ 的機率會完全失靈。但因為你手頭頗緊，所以決定就冒險吧，然後還開車橫越美國去拜訪你的朋友，幸好，煞車撐住了。

討論： 有時候你會做蠢事，但結果卻還可以；有時候你會做出很棒的選擇，結果卻還是很糟。然而，專注在盡量做出最棒的選擇依然相當重要，因為很多時候，你能控制的唯有選

擇，而非結果。一般來說，決策過程越棒，造成的結果就會越有利，話雖如此，某些結果仍然會是負面的啦。

　　就算是最棒的選擇，仍然會伴隨出現糟糕結果的機率，但是了解這點並不代表你需要做出任何改變。事前得知的事前機率，是你唯一能夠仰賴的標準，因為事後的資訊在決策當下其實無法取得。如果 100 次賭注中你有 99 次會成功，那去賭就是個非常好的選擇，但是你還是有 1% 的機率會輸掉。同理，如果贏的機率只有 1% 你還去賭，那這就是個爛選擇，不過你還是有機會贏。總之，最終發生的結果，並不會改變一開始要不要賭這個決定背後的可靠基礎就是了。

　　重要的是，專注在決定本身以及用來得出這個決定的過程，能讓你隨著時間經過改善決策的過程，並做出更棒的決定。大致上來說，藉由觀察結果並不能達成這點，因為你通常不會擁有足夠的資訊，以得出有意義的結論。在商業情境中，你可能會擁有一些數據，比如幫網站推廣做個 A/B 測試，但在私人生活的情境中，許多決策都只會做這麼一次而已。所以，還是多注意輸入和決策過程吧，然後無論結果是什麼，都坦然接受！

練習

1. 分辨以下情境屬於好選擇或壞選擇，結果又是好是壞？

   A：你朝空中扔一把刀，然後剛好接住刀柄。

   B：你去賭場玩輪盤，然後贏了 100 美元。

   C：你吃得很健康且規律運動，但仍然中了一種罕見的病毒，生了一個月的病。

   D：你酒駕，結果出了意外把車撞爛。

   E：你沒先問狗狗友不友善就拍了牠，但沒被咬。

2. 你的朋友跟你吹噓數學考試他連讀都沒讀，結果因為老師生病考試取消，你該怎麼回應呢？

3. 你為了買新手機做了很多研究，後來用合理的價格，買了你認為最棒的手機，但買完一個月之後，製造商把手機召回，表示電池可能會自燃，你該怎麼描述這個情況呢？

解答見 312 頁

槓桿

槓桿

學科：物理學／工程學

概述：槓桿指的是能夠用更少量的力氣或工作，就獲得更多結果的能力。雖然槓桿是力學設備，但這個概念也能應用到財務、私人生活與職場脈絡中。

為何重要：運用同等的努力就能獲得更棒成果的能力，在許多不同的領域都相當具有吸引力。運用物理、財務或心理上的槓桿，可說是一種解決問題的強大方式。

學科內範例：撬桿便是簡易槓桿的例子，用上撬桿，就能輕鬆抬起跟冰箱一樣重的物品，但要是手邊沒有任何工具，就很難搬動。

學科外範例：財務槓桿讓你能夠賺到或賠掉大量的金額。一筆投資在沒有使用槓桿的情況下報酬率是 10％，但透過槓桿操作後，基於相同的基本結果，能讓你輕易賺到或賠掉一倍的錢。[10]

討論：某種程度上來說，槓桿就是放大和力量。只要使用適合的槓桿或滑輪系統（參見圖 3.2）[11]，你就能抬起更多重量。同理，假如在你的財務架構中善用借款，你也能賺到更多錢。要是你擁有槓桿，可以運用在同事、顧客、供應商身上，那你就能累積更多的事業好處。這將帶來一種權力感，因為那些擁有最多槓桿的人，通常能在每個情境中施出最大的力量，從而掌控事態的發展。

圖 3.2：字面及物理定義上的槓桿，參見 https://pixabay.com/vectors/archimedes-lever-quarryman-worker-148273/。

槓桿是把雙面刃。在物理領域中，使用工具可以讓人類達成更困難的任務 [12]，槓桿一般來說會帶來好處，而在財務世界中，借太多錢，這也屬於一種槓桿，則時常會導致破產。此外，在更為抽象的層面上，槓桿也是種影響力，可以用來行善和為惡，比如說勒索也是種槓桿。

要是出更少力可以達成更多事，那麼大家通常都會想要這麼做，然而，也得多加留意這個方法的缺點：「安全邊際」可能非常窄。理想的情況下，你應該尋找能夠讓你將現有的知識、連結或基礎設施「當成槓桿」，出更少力，就能達成有利結果的情境才對。

一個非常流行的槓桿例子，至少在我的宅宅圈裡很流行啦，就是所謂的「帕雷托法則」（Pareto principle），又稱「80/20法則」。該法則認為 20％的輸入，也就是原因，就能導致

80％的輸出，即結果。換句話說，20％的努力，就能造就80％的成果。因此可想而知，要是努力固定，卻想要擁有最棒的進步，那你就應該專注在更努力做這20％上面！從公司的角度來說，這可能會是你最受歡迎的產品、最棒的顧客、產值最高的員工；而從個人層面上來看，這可能會是為你帶來最多歡樂、賺最多錢、幫助你活出最健康生活的各種活動。找出什麼才是最重要的事，並且多多益善吧！

練習

1. 以下何者可用作物理上的槓桿：手推車、開瓶器、滑輪、鏟子、海綿？

2. 你花了 100 萬美元買了一間房子，付了 20 萬的頭期款，並貸款了 80 萬。十年後，你把房子賣掉，價格是 200 萬美元。在此先忽略利息的成本和稅，和買房的價格相比，你的獲利比是多少？而和你投資的金額，也就是 20 萬的頭期款，即淨值相比，你的獲利比又是多少？

3. 你負責經營一間向當地餐廳供應食材的公司，某個朋友也有一間公司，想要向同樣的餐廳供應飲料，在這個情境中，你可以想出什麼潛在的槓桿運用嗎？

解答見 312 頁

注釋

1. James Montier, "Seven Sins of Fund Management," Dresdner Kleinwort Wasserstein, November 18, 2005, https://www.trendfollowing.com/whitepaper/Seven_Sins_o-DrKW-100436-N.pdf.

2. 「跟上隔壁老王」（Keeping up with the Joneses）就是個很常見的說法，反映了這個概念。這句話源自一百年前的連環漫畫，描述某個家庭一直努力要跟上隔壁鄰居的物質財富。

3. 事實上，銅牌得主還自認為比銀牌得主更快樂，因為他們只要有奪牌就很高興了，銀牌得主則會因以咫尺之遙錯失金牌而挫敗不已。

4. 創業投資就是一個例子，投資人會在新創公司身上下注，希望能夠找到下一個亞馬遜，即便深知十次投資裡可能有九次會付諸東流。

5. 美國前國防部長唐納‧倫斯斐（Donald Rumsfeld）便是運用這個架構的知名人士，他的回憶錄即題為《已知及未知》（*Known and Unknown*，暫譯）

6. Alex Pasternack, "The Strangest, Most Spectacular Bridge Collapse (and How We Got It Wrong)," *Vice*, December 14, 2015, https://www.vice.com/en/article/kb78w3/the-myth-of-galloping-gertie.

7. 除非他對香蕉過敏。

8. "Enzymes Allow Activation Energies to Be Lowered"，2023 年 4 月 8 日存取，https://www.nature.com/scitable/content/enzymes-allow-activation-energies-to-be-lowered-14747799/.

9. James Clear，"The Chemistry of Building Better Habits"，2023 年 4 月 8 日存取，https://jamesclear.com/chemistry-habits.

10. 假設你買了一棟 10 萬美元的房子，使用的是 1 萬塊的頭期款，也就是所謂的淨值，和 9 萬塊的貸款，那要是房子增值到 11 萬，你的淨值現在就變成 2 萬塊了，即 11 萬減掉 9 萬的貸款，而這是你當初投資金額的 2 倍。

11. 本圖為公領域圖片，經 OpenClipart-Vectors 授權，參見 https://pixabay.com/vectors/archimedes-lever-quarryman-worker-148273/.

12. 阿基米德曾說過，只要有根夠長的槓桿，並給他一個支點，他就可以撐起地球。這嚴格上來說是正確的，但實在很難實際測試！

第4章

經濟和商業

經濟學乍看之下可能是個枯燥又無聊的領域，而在某些情況下也確實是。[1] 不過究其本質，經濟學，尤其是個體經濟學這個子領域，研究的正是人類決策背後的原因，即影響他們的種種動機、誘因、標準。這是極其重要的資訊，特別是你不一定總是會注意到這些影響，即便這些影響在你的生活中其實扮演更重要的角色。比如說，你切切實實知道你的動機是什麼嗎？是成功、金錢、朋友的尊重、對家長的恐懼或愛、權力，還是其他東西？而即便你確實知道究竟「是什麼」驅策著你，你知道背後是「為什麼」嗎？要是你打算拚死拚活爬上公司的最頂端，並成為合夥人，你難道不該最好現在就搞清楚你的動機基礎是否足夠穩固，可以協助你度過前方的險阻長路，而非等到二十年後嗎？

商業學的學術研究，對於檢視決策和隨後的結果來說，也可說一直是片沃土。且商業也正好位於金錢和人際關係的十字路口上，所以很明顯地，這兩者也都是大家應該要盡量努力做出

最棒決定的領域，因此，在商業世界中存在許多概念，也能廣
泛應用在人生中，特別是涉及與他人的互動時，無論是在合作
還是競爭的情況下。

沉沒成本

沉沒成本

學科：經濟學

概述：沉沒成本指的是某種已經用掉，且無法恢復的資源，像是金錢、時間、健康等，因而在未來進行決策時不應納入考慮。

為何重要：要做出好的決定，需要了解應該運用哪些資訊，哪些又該拋棄。使用無關或誤導的數據，會導致你做出沒那麼好的決定，因此，應該要有意忽略沉沒成本才對。

學科內範例：莎拉花了 100 美元買了張不能退的巴士票，準備去找她朋友。後來，她獲得一張同樣路途的免費機票。即便她頗為後悔先花了 100 塊買車票，卻意識到搭飛機還是比搭巴士划算。

學科外範例：美國當年越發深入涉入越南事務，至少有一部分是源於沉沒成本謬誤。在打了十年仗，犧牲掉這麼多條國民人命，並花費了許多經濟和政治資本之後，政府已經暈頭轉向，認為要這麼放棄在戰事中投入的諸多努力，實在非常困難，即便戰勝的機率已越發渺茫。

討論：進行良好的決策是項重要的生活技能，本書稍後會再詳盡探討。如同第 1 章中所討論的，由於存在各種心理捷徑和誤解，使得我們即便擁有足夠的資訊可供決策，依然無法做出最佳決策。其中一個自然而然的傾向，便是形成依戀，或說「錨點」，這在增強人際關係上很棒，但要是依戀是發生在最好應該拋棄的無生命物品上，那就沒那麼棒了。換個方式說，嚴重的風暴襲來時，錨可能會很有用，但也可以把你拖進

海底深處，這樣的話就爛爆啦！所以說，最好還是避免無意之中產生的錨點！

我們做完決策後，也會在其中投入情感，多多少少啦，因為我們不想承認自己錯了。沉沒成本便是痛苦的提醒，提醒了我們犯下的錯，我們在哪邊浪費了時間、金錢、努力，但是因為從定義上來說，沉沒成本就是某種逝者已矣的東西，所以我們最好的回應，就是做出更好的決定，並向前看。虧 90 塊總比虧 100 塊好吧，在那哭哭啼啼也無濟於事，你有曾經這樣過嗎？看起來越哭只會讓事情變得越難收拾而已喔……所以別這麼做！

相關概念：機會成本

評估未來的選項時，沉沒成本是**明確**的代價，**不應**納入考量，相較之下，機會成本則是**隱藏**的代價，**應該**要納入考量。詳細來說，機會成本指的便是要是做出了特定的選擇，那麼事先就會知道無法獲得的收入或無法享有的經驗，比如花一年去環遊時間的成本，就不只是機票和飯店的花費而已，還包括要是你選擇繼續工作，這段時間中將累積的存款和工作經驗，且這是你事前就已經知道的。而花一個小時找到最棒的優惠碼，好處可能會是讓你在購物網站上省了 10 塊，可是那個小時花費的機會成本，同樣也可以用金錢來衡量，要是你去工作，那這個小時可以賺多少錢？或是用快樂，你搞不好可以去運動，或是讀本書啊？

機會成本提醒了我們，人並非活在真空狀態中，而是被社會左右。日常決策往往需要取捨和犧牲，而明確意識到這些取捨會更為妥當。金錢是用來衡量這類成本最簡單的標準，因為可以換算，從你銀行帳戶的收支就能很明顯看出，要是你花 500 美元吃一頓晚餐，那這些存款就再也不能拿去買 PS5 了。其他成本則沒那麼明顯，包括空閒時間、職涯成就、人際關係的穩固程度、身體健康和睡眠，全都屬於也應該把機會成本納入考量的層面。

練習

1. 你買了兩張演唱會門票，結果那天下午有個朋友打給你，說要給你另一場表演免費的票，但剛好撞期，而你比較想看第二場表演，那你應該維持原案，去看第一場嗎？

2. 你在餐廳裡點太多食物，只吃一半就飽了，但你從小被教導不能浪費食物。你應該把食物吃完嗎？

3. 你正在寫一篇有關特殊目的收購公司（Special Purpose Acquisition Company，簡稱 SPAC）投資成功率的期末報告，寫了十個小時後，你發覺你挑了一個很爛的主題，因為缺少支持的證據，而要是你想拿 A，最好還是趕快換個題目。你會怎麼做呢？

解答見 312 頁

期望值

學科：經濟學

概述：期望值指的是所有潛在結果的價值總和，每個結果的重要性則是取決於發生的機率。

為何重要：期望值結合了事件發生的**機率**及這類事件的**重要性**或說**價值**，光是知道其中一項變因並不夠，不過只要兩個都知道，你就擁有一項強大的決策工具。

學科內範例：在一擲硬幣的賭博遊戲中，如果擲出正面，你就能獲得 1 美元，反面則一毛也沒有，而每次擲硬幣的期望值計算方式即為 50% x 1 元＋50% x 0 元，結果是 0.5 元。

學科外範例：泰德去參加嘉年華，並決定要玩套圈圈，他估計自己有 1% 的機率可以套到一個瓶子，而在這個情況下，他會贏得價值 10 元的填充娃娃。而每套一次需要 1 元，所以他得出每次的期望值為 1% x 10 元＋99% x 0 元，也就是 0.1 元，再減去 1 元成本的話，就是 -0.9 元。

討論：假設我邀請你玩一個遊戲，規則如下：拋一個硬幣，要是正面朝上你就能得到 2 元，但要是反面朝上，你就會輸掉 1 元，不過每次拋硬幣你都必須付我 0.25 元。你應該加入這個遊戲嗎？

嗯，根據圖 4.1，有半數時間，當你拋出正面時，都會贏得 2 元，所以你拋出正面的期望值會是拋出正面的機率乘以拋出正面得到的獎賞金額，也就是 1/2 x 2 元，即 1 元。而另一半時間，你則會輸掉 1 元，所以你拋出反面的期望值會 1/2 x (−1) 元，即 -0.5 元。因此，你每次拋硬幣的總期望值就是這

兩個結果相加，1 元減去 0.5 元，等於 0.5 元，而這高於遊戲的成本 0.25 元。如果你一次又一次玩這個遊戲，那你每次拋硬幣時，就都期待差不多會贏到 0.25 元，這樣拋個幾百次之後，就會累積成不少錢了！

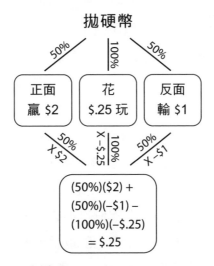

圖 4.1：拋硬幣遊戲之期望值

現在，假如我告訴你我一直都在唬你，剛剛拋的硬幣並不是公正的硬幣，而是個假硬幣，是我跟一個魔術師借的。所以，只有 1/4 的時間會拋出正面，3/4 的時間則會拋出反面，那你該玩嗎？

再做一次同樣的計算，你現在只剩 1/4 的時間預期會贏 2 元，期望值是 1/4 x 2 元，也就是 0.5 元，而 3/4 的時間預期會輸 1 元，所以 3/4 x (-1) 元，即 -0.75 元，便是拋出反面的期望

值。你現在的總期望值會變成 -0.25 元，這代表平均來說，你每拋一次硬幣都會輸掉 0.25 元，而你甚至都還沒付 0.25 元的參加費。因此，了解期望值的概念可說拯救了你，不會去玩一個穩輸的遊戲！

話雖如此，假如拋出正面時獎勵金額很大的話，那麼就算用的是不公正的硬幣，這個遊戲還是可能是有利可圖的。比如，隨便說吧，假如正面出現時你能贏得 100 元好了，那你就應該參加，因為當你獲勝的時候，贏到的錢會比輸的時候虧的錢還多非常多。

期望值可以應用在各種分析上，比如該不該去簽樂透，1% 的機率贏得 50 萬美元就是個很爛的賭注；還有該選擇哪一條職涯路線，該加入你媽的公司，還是去追尋自己的夢想，當個單口喜劇演員呢？負數的期望值也很有用，也就是預期的損失。假如有 1% 的機率會被開一張 50 美元的違停罰單，那麼違停就是個可以接受的風險，因為預期損失只有 0.5 元。不過要是去跳崖會有 1% 的機率死掉，那這就是個糟糕的主意了，畢竟無限大的損失就算機率只有 1%，損失仍然會是無限大。

期望值和不同領域中的許多概念也密切相關：

1. 保險界的嚴重程度和發生率：即賠償某意外的代價，也就是所謂的「嚴重程度」，比如說你的車在出意外後要花的修理費，乘以這個情況發生的機率，叫作「發生率」或「頻率」，像是遭遇嚴重車禍的機率。

2. 對於世界上的運動粉絲來說，則可能像是棒球裡的長打率，即打者站上打擊區，且真正打擊出去後的壘包推進期望值。

3. 財金宅宅也會很高興知道期望值是所有選擇權定價方式中，不可或缺的一部分，包括布萊克－休斯模型（Black-Scholes model）。

4. 撲克牌裡的「底池賠率」（pot odds）概念，也是屬於期望值計算，決定要不要跟牌，是同時視你贏得這一把的機率，以及底池相對於必要下注的大小而定。例如，假如你估計你只有 10％ 的機率贏得這一把，但最後下的賭注卻只占底池金額的 5％，那你就應該下注，因為期望值是正的。

在這麼多領域中，光是只知道某事件的機率或重要性並不夠，但是結合兩者，就能提供紮實的基礎，可供協助決策。我在此要厚顏無恥再次重覆，期望值之所以是個重要概念，是因為同時考量了不同結果的**機率**，以及這些結果發生時帶來的**價值**。你應該要試著去玩那些「高機率帶來**好**結果」或「低機率帶來**極好**結果」的遊戲，以及追求類似的人生境遇。同理，你也應該避開「高機率帶來**壞**結果」，或「低機率帶來**極壞**結果」的狀況。

練習

1. 一張有百萬分之一機率贏得 50 萬美元,且要價 1 美元
   的樂透彩券,期望值為多少?

2. 你可以選擇買車或租車。假如用買的,車子要價
   50,000 美元,要是用租的,租金則是前三年共 20,000
   美元,然後你就可以用 35,000 的優惠金額購車。你
   認為租用期結束後,你最後會有 50% 的機率把車給買
   下,請問比起直接買車,租車的期望值是多少呢?

3. 你估計以時速 128 公里行駛,而非 96 公里,你的燃
   料使用效率就會從每公升 8.5 公里降到每公升 6.4 公
   里。此外,你也有 5% 的機率,吃上一張要價 200 元
   的超速罰單,而你的旅途總長為 384 公里。那麼假如
   你以 128 公里行駛,且汽油每 3.8 公升要價 3 元,你
   可以節省多少時間,又會多付出多少成本呢?

解答見 313 頁

誘因

負面誘因

學科：商業學／經濟學

概述：誘因指的是意在影響特定行為或結果的正面或負面獎勵。

為何重要：人類在決定自身的行為時，會根據經濟和非經濟誘因反應，因而改變誘因，將會對決策和結果造成重大影響。

學科內範例：某公司的經理要是能讓收入增加 20％，就能得到 100 萬美元，於是他進行了激進的促銷計畫，真的讓銷售增加 20％，並拿到了獎金，但公司賺的錢其實更少，因為打折實在是打到骨折。此處安排的誘因便相當不適當，而經理的反應方式，也是對自己帶來最大的好處，而非為公司著想。

學科外範例：女兒在學校的表現一直不太好，於是你告訴她，要是下次考試能拿 A，就可以一個禮拜不用做家事。她努力用功，最後拿到了滿分，因為經過評估後，她認為花在讀書上的時間和之後要花在做家事的時間相比，還沒那麼痛苦。

討論：生活中的誘因可以是有形的，譬如金錢；或是情感上的，像是家長的認可；外在或內在的；明確表述或僅只是暗示的。而無論有無自覺，人類都會對誘因產生反應，且其他人和企業也會刻意去形塑誘因，以驅動他們想要得到的行為。各種誘因加起來，便稱為「誘因結構」，而這類結構在生活中隨處可見，在學校、家裡、遊樂場上、工作場所中都是，因此，了解你自己的動機，以及你的內在和外在誘因是源自何處，可說相當重要。

理解其他人為何要提供你特定誘因，以及他們這麼做又有什

麼好處也很重要。要是有間公司提供你麥片第二盒 1 元的折價券，那他們的動機就很明顯，他們想要你買更多麥片。其他誘因則沒這麼清楚或友善了，比如某個線上博弈平台若提供「無風險」下注，會讓你為了把虧的錢都賺回來而繼續下注，增加你對這項活動上癮的機率。

每個人都會受到不同因素的組合驅動，金錢、權力、罪惡感、家長的認可、愛、成就感、恐懼……，而根據個體量身形塑誘因，可以帶來更棒的結果。話雖如此，了解設計粗糙的誘因有可能會導致糟糕的結果，也很重要。比如，要是外科醫生動手術就能拿到優渥的薪水，他們可能會因此擁有財務上的動機，任何醫療問題都建議動手術解決。身為一個幸運熬過多次以後見之明看來毫無必要動手術的倖存者，我對這點可是有不少切身經驗，而我並不推薦這麼做！

如果將誘因的概念**反轉**過來，那可以思考一下所謂的「對誰有好處？」，這個法律原則認為那些犯罪後會獲得最大利益的人，就擁有最大的犯罪嫌疑。所以當你在檢視某個結果，並試圖理解事情怎麼會變成這樣時，務必也記得去探討所有利害關係人背後的誘因。

練習

1. 你希望兒子打掃他的房間，提議他要是在房間特別亂時願意打掃房間，就能拿到雙倍的零用錢，這是個好主意嗎？

2. 你希望女兒去做更多志工工作，於是答應她，要是她花 100 個小時當志工，就能得到一支新手機，這是個好主意嗎？

3. 某間公司想要獎勵員工，方法是如果每周工作超過 40 小時，那就每個小時都能報加班費，且公司也讓他們擁有彈性，可以自由選擇什麼時候想要工作，這個計畫背後存在著什麼無意間造成的潛在後果呢？

解答見 313 頁

邊際效益遞減

邊際效益遞減

我昨天喝了珍奶，實在是超好喝欸。

我知道，我也很愛。

我又喝了三杯。第二杯依然很好喝，但第四杯就讓我有點反胃想吐。

所以每喝一杯，你得到的快樂就越少，最後一杯甚至還讓你痛苦！

我覺得這就叫作邊際效益遞減，某個東西你擁有越多，那再多一個所帶來的好處，就會變得越來越少。

錢、食物、肥料、機器、健保……一切事物都像是這樣子。

幸好，好朋友永遠不嫌多！

學科：經濟學

概述：某件事物或某項活動所帶來的好處，隨著數量增加將會下降，直到趨近於零。

為何重要：用線性方式思考更為容易，但事實上我們的大腦對世界的認知並不是線性的。偏好、好處、享受通常是呈曲線或是漸進線發展，而了解發展路線的形狀，將能協助我們做出關於未來的良好決策。

學科內範例：在工廠產線加入某部特定機器，能夠讓產能變成 2 倍，但再加第二台產能就只能增加 50％，因為大多數困難的工作，第一台機器都已經解決了。而加入第三台，則根本就不會提高產能，因為已經沒什麼事能讓第三台機器做了。

學科外範例：你有個朋友從沒吃過巧克力，因為小時候爸媽騙他說他對巧克力過敏[2]，他咬了第一口之後超級喜歡，然後一塊接一塊，等吃到第二十塊，他開始覺得噁心，而在那之後所吃的每一口，感受都越來越差，最後他再也不想吃巧克力了。

討論：人類的心靈幾乎會因應一切做出調整，所以，當你第一次嘗試珍珠奶茶時，你可能會很愛，並覺得你永遠都喝不膩，可是無可避免地，你喝得越多，喝起來就越不特別，直到你光是想到那些太白粉做成的珍珠就覺得噁。這個道理在食物、擁有的物品、甚或經驗上也適用，一開始都超棒，接下來幾次則還不錯，然後到了某個時刻，你就會覺得夠了。

在經濟學中，這個概念則稱為「邊際收益遞減」或「邊際效

益遞減」，指的是每多一個額外的物品或一次經驗，即「邊際」，所帶來的快樂或效益和前一次相比，都會稍稍變得更少。這也能應用在藥物上，稱為「習慣性」或「建立耐受性」，所以你的身體不僅在第一次用藥後渴望更多藥物，且你每一次還都會需要更多劑量，以體驗到同樣的效果，很顯然，這並不是個好的情況，你不應該讓自己置身其中！

　　幸好，這個概念也可以反過來應用在負面或難熬的經驗上，對於大多數不愉快的活動來說，也都時常存在著逐漸降低的**邊際成本**。第一天去運動可能會很折磨，但一旦你養成了習慣，這個任務就會變得越來越輕鬆。或像是一次洗一堆衣服並不有趣，可是一次洗兩堆並不會讓事情變得加倍困難，尤其是當你可以在洗第二堆時，把第一堆拿去烘。一般來說，根據你的初體驗來推測痛苦或快樂的程度，都會導致你高估重複的經驗所帶來的總痛苦或總快樂，這是因為我們的大腦會去因應快樂及痛苦的刺激調整，所以兩者都會隨著時間經過減少。

　　在這樣的脈絡下，我會再度提到帕雷托法則，或稱 80/20 法則，最重要的那 20 ％的原因會擁有最高的效益，因而也會造就大多數的成果，而隨著邊際效益遞減，其他原因造就的結果也會越來越稀微。如前所述，此處的教訓其實很簡單：專注在帶來最高邊際效益的生活和工作層面上，也就是錢要花在刀口上。[3]

練習

1. 你嘗試了一個新的冰淇淋口味，巧克力海鹽焦糖布朗尼，並且超愛，準備要買一整桶回去。這時，你朋友提醒了你一件事，她跟你說了些什麼呢？

2. iPhone 5 和所有先前的代數都擁有 4 吋螢幕，iPhone 6 的螢幕則是 5 吋，許多人都升級到了第六代，可是 iPhone 7 上市時，雖然配備更快速的處理器和更好的相機，不過螢幕還是只有 5 吋，且銷售結果也相當令人失望，你認為這是為什麼呢？

3. 某個朋友向你提議，他煮一人份的義大利麵要收 10 美元，兩人份的 15 元，四人份的 20 元，你覺得他為什麼要這樣定價呢？

解答見 314 頁

協商

協商中的共同利益

學科：商業學

概述：在正面交鋒的協商中，雙方時常很有可能都會得利，而確保這件事發生的方式，便是找出雙方重視程度不同的變因，例如金錢、時間、責任、創意上的偏好等。

為何重要：在商業或個人層面上，幾乎每天都會出現一次新的協商，而你也必須要做出某些妥協，所以如果結果雙贏的狀況越多，那就越好！

學科內範例：鮑伯和瑪莉在協商鮑伯的薪水，鮑伯想要加薪，但是瑪莉當下沒辦法再付他更多錢。然而，隨著他們深入討論，發現鮑伯其實不需要現在就拿到這些錢，他只是因為想要多存一點退休金有壓力而已，於是，瑪莉幫鮑伯開了個退休金帳戶，可以在更長的期間內，用更優惠的稅率存錢。

學科外範例：你想去買東西，但你弟想去他朋友家，而你沒時間兩件事都做。你們於是進一步討論，結果發現你弟之所以想去朋友家，是要跟對方借棒球手套，你接著提議把你的舊棒球手套拿去運動用品店修補好，這樣你弟就能用了。

討論：假如我愛吃冰淇淋，不愛吃糖果，而我的朋友偏好剛好相反，那我們就可以互換，然後達成雙贏。協商也能遵循類似的路徑，但首先你得先搞清楚，哪些東西屬於雙方重視程度不同的變因。例如，我可能不喜歡做會計試算表，但很享受跟顧客互動，而我的同事可能跟我相反。不過，要是找不到重視程度不同的輸出，那就會更難協商，因為這成了個零和遊戲，指的是我獲得的任何好處，都約略等同於和我協商的對象

必須承受的損失。

我們很容易假設別人想要的東西跟我們一樣，不管是金錢、權力、糖果、或其他東西，但事實上，每個人通常有著不同的需求和渴望。因此，與其假設某個情況是零和遊戲，不如直接詢問他人他們真正的偏好為何，因為你有可能可以找出一個讓大家都得利的結果。此外，零和協商似乎也總會以至少一方，也就是協商得最糟糕的那方，受到委屈作結，這也有可能會破壞人際關係或工作場所的士氣。

要是你無法達成所有人都得利的協商，那就必須搞清楚誰處在比較有力的協商位置，方法便是弄懂要是無法達成共識，那誰會有最大的損失。當無法達成某種共識，你能毫不在意，但協商對象會非常沮喪或是蒙受經濟損失，那麼你就擁有更多的協商優勢。當然，你也可以決定要以多少侵略性去運用這項優勢。

理解協商對象的最佳替代方案也很重要[4]，因為這將決定他們達成共識的意願。例如，朋友想跟你借腳踏車，因為他的壞了，而要是這是他唯一能去他男友家的辦法，那他就有可能願意付出很多代價只為借到腳踏車。另一方面，要是他有其他選項，像是搭公車、跟其他人借腳踏車、走路，那麼如果你的要求太過高昂，他八成就有可能拒絕協商。

練習

1. 今天是萬聖節，一群朋友剛去要完糖，下表列出了大家對不同糖果的偏好程度，10 分最高，1 分最低。請提議一些能讓大家都滿意的交換方式。

   糖果的相對偏好程度

	胡安	麥迪遜	昆恩
Kit Kat 巧克力	10	8	5
Mounds 巧克力	2	8	9
Snickers 巧克力	5	4	10

2. 你需要更高的薪水才能付錢請保母去接小孩放學，然而，你的老闆很不想幫你加薪，因為公司狀況其實也沒那麼好，有什麼雙贏的解決方案呢？

3. 某建商買下了你那個街區的所有房子，除了你家之外，並計劃把房子全都拆掉，改蓋一棟超大超高的公寓大樓。建商已經花了 5,000 萬美元，而你算出這次土地開發應該能淨賺 1 億，但要是你不賣，他就不能動工，那麼他要開價多少你才會點頭，不當釘子戶呢？

解答見 314 頁

比較利益

比較利益

學科：商業學

概述：不同國家、公司和個體，都擅長不同的技能和能力，因此在經濟上來說，最具優勢的做法便是專注在你最有機會脫穎而出的領域上。

為何重要：了解自己的能力所在相當重要，但了解所有優勢都是相對的，也十分必要。不管是在商業上或人生中，你都應該試著去強調你最佳的**相對**優勢。

學科內範例：法國農夫可以選擇生產 10 箱紅酒或 5 磅起司，英國農夫產能則沒那麼好，只能生產 2 箱紅酒或 4 磅起司。即便法國農夫和英國農夫比起來，能生產更多紅酒及起司，但如果只生產紅酒會是更好的選擇，因為她的比較利益落在此處，紅酒產能會變成 5 倍，而非只是起司多出 25％。她之後也能拿自己的紅酒去換英國的起司，然後總量就會變得更多。

學科外範例：你創辦了一間網路公司，你也是個超有才華又勤奮的人，結果發現，你除了電腦程式碼寫得更棒之外，跟你辦公室的經理相比，你在泡咖啡和製作支出報表上也更有效率。話雖如此，你還是應該把所有時間都花在寫程式上，因為你的最佳比較利益落在此處，讓你的辦公室經理去泡咖啡吧。

討論：擅長某件事，卻看著其他人做很爛，實在頗為挫敗沒錯，但通常來說，你最好還是就這麼幹吧，因為這樣你就能繼續專心在你擁有真正優勢的事情上了。比較利益的概念源自貿易相關的討論[5]，當時許多國家決定，最好還是專心發展某一

項活動，並做得特別出色，接著再用該產業的產品去交換他們想要的其他商品。不過，這個概念也同樣可以應用在基本的人際互動和相關活動上。

　　你最有可能變得最成功的職業，也並非以絕對的基礎來看你做得最好的那個，而是和你的競爭對手相比，你輾壓他們最多的那個。在瞎子的國度中，只有一隻眼睛的人就是王，即便這個人在和兩隻眼睛的競爭對手相比時表現可能不會那麼好！所以，假如你念的是大數據分析，且常春藤聯盟中的所有人也都是，那你要找到好工作可能就很困難，然而，要是你讀的是牧羊博士，那你面對的競爭就很有可能會稍微沒那麼激烈，而且到頭來，這個職涯選擇，其實也可能沒那麼糟～～～～糕。

練習

1. 你是個自由接案的寫手，稅後的時薪是 100 美元，你想做多少工作就做多少，而且你也很享受自己的工作，超幸運的對吧！你正在考慮請個人來打掃家裡，因為你超討厭洗馬桶，但他開價時薪 50 美元，這對洗馬桶來說似乎是筆大錢，那你到底要不要請他勒？

2. 托比超愛踢足球，而且可以踢所有位置，他踢中場踢得最好，但是隊上有 3 個人比他更擅長這個位置，他同時也是個不錯的守門員。由於沒有專職守門員，他通常都會被安排去當守門員。這樣算是個好結果嗎？

3. 假如出現了一個趨勢，家裡有中學年紀小孩的家庭，都會從紐約市搬到人口稀疏的州去，比如南達科他州好了，同時讓小孩去學雙簧管，並放棄打棒球，改學擊劍，這個現象可以怎麼解釋呢？

解答見 314 頁

賽局理論及演繹推理

賽局理論及演繹推理

學科：經濟學

概述：要是你知道動機，進而也能知道參與的每一方可能做出的行動，那麼就很有可能可以預測特定的情況會如何演變。

為何重要：往前多想一步，並了解所謂的「第二階段影響」，對於優質的決策來說，都是相當重要的層面。

學科內範例：A 公司和 B 公司都在投標某計畫，但客戶誤把一封來自 A 公司、標為「機密」的電郵，轉寄給 B 公司團隊的某名成員，裡面包含 A 公司的預期標價。B 公司於是調整了他們的出價，比這個金額稍微低一點，但最後依然輸給了 A 公司，沒有標到這個計畫，因為 A 公司意識到發生了什麼事，所以開了比電郵裡更低的價。

學科外範例：為了野餐，你要不是得去買檸檬汁配三明治，就是買汽水配披薩。你朋友負責買食物，但他的手機沒電了，所以你沒辦法問他選了什麼。你接著認為，你朋友人很體貼，知道你有多愛吃披薩，於是你帶著這個預期，買了汽水。

討論：決策的過程，不管是在個人層面上或商業情境中，都可以複雜到不可思議，然而，根據經濟或個人的動機及誘因，仍然是可以精準預測結果的。

演繹邏輯的一個經典例子，就是說有 3 名囚犯都面朝前排好隊，這樣才能只看見前面的人頭上戴的帽子是什麼顏色，卻看不見自己的，而每個人都可以依據自己所見，結合其他人的默不作聲，來推斷出各自的帽子究竟是什麼顏色的。[6]

這顯然是個設計過的例子，但這提醒了我們，就算是最複雜

的問題，通常也能簡化，方法便是考量其他人做了什麼，或是
沒做什麼，以及他們的動機為何。甘迺迪在古巴飛彈危機中與
赫魯雪夫對峙時，可以選擇保持消極，或是積極遊說俄羅斯撤
掉飛彈。[7]他後來徵求諾貝爾獎得主、賽局理論專家湯瑪斯·
謝林（Thomas Shelling）協助，謝林說服他迅速展開行動，最
後也安然解除危機。可以注意一下，眼下擁有核武的北韓其實
也存在著類似的動態，然而，因為在這個案例中，我們無法假
設我們的「對手」會依據理性行動，賽局理論有可能會無用武
之地。

此外，我們在評估情況時，也得要小心翼翼、力求正確，因
為要是不這麼做，就可能會得出沒那麼好的結論，比如：

沒有東西勝過永恆的快樂。
有東西勝過沒有東西。
因此，有東西勝過永恆的快樂。

要將這個概念應用到你的生活和決策過程中，最有效率的方
式就是多想幾步。不要只根據立即的結果，也就是所謂的「第
一階段影響」，去決定你的行為，並因此就心滿意足，請考慮
一下行為的後果、其他人對這個行為可能有何反應、一連串的
事件又會如何展開，也就是「第二階段影響」。比如，假設你
老闆要求你做假帳交給監管機構，而你覺得你不太可能會被抓
到，所以就考慮默許算了。然而，你接著考量到第二階段及第

三階段效應：假如你這次逃過了，他之後很可能會再叫你如法炮製、他可能要求其他人也這麼做，而那些人可能會向有關當局檢舉他、他可能會把詐欺賴在你身上。於是你最後決定，這麼做的話真的會很糟糕，就算不考量倫理道德，一樣很糟。

　　最後，來思考一下以下這個賽局理論的真實案例。奧運羽球隊刻意放水輸球，以在下一輪獲得有利的種子序[8]，看著這些選手故意漏接球超有娛樂性的，而且評論區真的也讓人笑死。然而，這些選手當時並未考量第二階段影響，在這個案例中，這意味著兩隊都會被大會除名！

練習

1. 所有人都閉上眼睛，然後舉起其中一隻手，假如大家都舉右手，那每個人都能得到 10 美元，要是只有其中一個人舉起左手，他就能獨得 500 美元。可是如果有超過一個人舉起左手，大家就一毛錢都沒有。你預測會發生什麼事呢？

2. 你在一場慈善拍賣會上，競標某幅你喜歡的畫作，你出價 100 美元，接著有人出 150，你再出 200，但同一個人又出了 250。你該怎麼做，才能確保自己贏得拍賣，且代價越低越好？

3. 你在玩一個比較膽量的遊戲，和對手同時以時速 160 公里朝對方直直開車撞過去，假如你在最後關頭轉彎了，就得把你的車給對手，要是她轉彎了，那就得把她的車給你，而要是你們兩個人都不轉彎，你們就下輩子再相見啦。你的最佳選擇是什麼呢？

解答見 315 頁

網路效應及規模經濟

網路效應

學科：商業學

概述：特定商品或服務，如果有更多人使用，那就會變得更珍貴。使用服務的人以及提供服務的公司將會形成網路，而這類網路變得越龐大，為用戶帶來的好處就越多，維護費用也會更便宜。因此，可以投資更多成本，來讓服務變得更好，正面的循環也會隨之產生。

為何重要：網路在生活中的許多面向都扮演要角，且其力量和連結的規模及數量直接呈正比，而網路的力量也將會延伸到商業領域、權力動能和人際關係上。

學科內範例：很多人都會註冊臉書或 Instagram，因為這類社群網站擁有超過十億名用戶，你的親友極有可能都已經在上面了。這兩個網站的母公司 Meta，透過向其龐大的用戶群投放廣告獲得收入，他們也得以砸大錢去改善服務，讓速度變得更快、功能變得更多、也更可靠。

學科外範例：身為青少年，你放學後很常出入某間披薩店，因為你大部分的朋友也會去那。這間店之所以很受歡迎的其中一個原因便是披薩很便宜，因為他們可以薄利多銷。

討論：有時候，「更大」確實就代表「更好」。更大的網路，會對網路的所有參與者帶來更棒的結果，而網路的使用者越多，價值也會變得越高。規模經濟讓一間大公司可以投資更多錢，包括在研發跟廣告上，或是蓋更大間的工廠等等，但這些成本占收入的比例卻頗低，使其面對更小的公司，會擁有競爭上的優勢。

在極端案例中，這類優勢可以變得非常巨大，大到公司成為壟斷或接近壟斷。例如，亞馬遜就擁有世界上最多的網購顧客、第三方賣家——即在亞馬遜的網站上賣東西，並使用亞馬遜全套服務的企業，以及全球最大的倉儲網路。顧客會去亞馬遜買東西，因為品質最棒、價錢最低、配送時間最短，而越多人使用亞馬遜，就會越多商家也想用亞馬遜，亞馬遜變得越大，又能蓋更多倉庫。最終，就沒有其他公司能和亞馬遜的成本或配送速度競爭了。

不過情況也不一定會是這樣。許多生意其實也不會因為規模變大就真的賺錢，而且事實上，很多擴大反而適得其反。通常會採取管制措施，用來阻止這種情況發生，比如，在職業運動中，最有錢的隊伍必須和最窮的分享收入，否則那些大城市的球隊，他們擁有更有錢的粉絲，電視轉播合約金額也更大，就永遠都會賺最多錢，從而吸引最好的選手加盟。這樣的話，大市場隊伍就會變得更成功[9]，進而讓他們能夠調漲門票和電視轉播權利的價格，然後這個循環會一直持續下去。

假如你要創業，那最好是專注發展某種會從這類規模經濟上獲得好處的主意，同時試著避免和已經在享受規模經濟好處的公司競爭。輝達（Nvidia）就是門很棒的生意，因為他們的圖形處理器擁有巨大的技術優勢，但此時此刻如果要試圖跟他們競爭，可以說是不可能的任務。

你也很有可能在直覺上早就意識到網路效應了。比如，也許你選擇學西班牙文而非法文，是因為世界上有更多西語母語使

用者，可以和你交流；你也可能買了支 iPhone，因為 iOS 平台上有更多專門的應用程式（開發者寫應用程式是根據潛在收入的，而收入是由用戶數量和其消費傾向決定），且你的朋友們也都比較喜歡藍色的簡訊泡泡。你八成也幾乎每天都有在使用各種熱門的服務，像是亞馬遜、IG、Google。

相反地，了解網路效應能如何帶來負面的結果，也很重要。你可能希望透過接受更高昂的價格來支持在地的小型商家，因為心知他們在經濟上無法和亞馬遜的價格匹敵。而且你也應該要明白，網路效應顛倒過來也能成立，一旦使用者開始離開平台，平台的好用程度就會迅速下降，要是你不相信我的話，去看看 MySpace 就知道了！[10]

練習

1. 生活中有什麼商業領域以外的網路效應例子呢？

2. 規模經濟有什麼負面的例子，即規模變得越大，狀況卻更糟糕？

3. 請判斷以下選項是屬於規模經濟、網路效應、或兩者皆非？

   A：某間餐廳顧客超多，所以開了第二間分店。

   B：紐約洋基可以付比巴爾的摩金鶯還高的薪水給球員。

   C：LinkedIn 協助大家找工作，有這麼多人在上面貼了他們的履歷，因而也吸引了企業的人資。

   D：某間顧問公司每簽下 3 名客戶，就多聘 1 名新顧問。

解答見 315 頁

逆選擇及道德風險

逆選擇及道德風險

學科：經濟學

概述：擁有更詳盡資訊的人可以多加利用，因此，許多商業合約的目的，便是要阻止這個情況發生，或至少能夠公平補償風險。

為何重要：資訊就是力量，而兩者通常都是分布不均的。你應該試著將這點為己所用，或至少將其負面影響降到最低，比如，在牌桌上別當肥羊啊！

學科內範例：擁有最大的誘因去買健康保險的人，就是病得最重的人，這稱為「逆選擇」。而一旦你買了車險之後，和完全沒保險時相比，你車也會開得更莽撞，這就叫作「道德風險」。

學科外範例：假如有人想賣你一台二手車，那就有機會是台檸檬車，也就是會一直故障的車。賣家很可能會知道以這台車的型號和年份來說，和平均相比，車況究竟是好是壞，但買家則不會知道。而只有認為自己的車況低於平均的賣家，才會願意用行情價把車賣掉，換句話說，也就是會出現逆選擇的現象。假如買家協商到三十天內無條件退全額，不管出了什麼狀況都可以退車的話，就可以減輕逆選擇造成的問題，然而，這樣又會出現另外的風險，即買家會亂用車，然後一個月後再退車，這就是所謂的道德風險。

討論：資訊不對稱是經濟學關注的重點，因為大多數的交易，都是發生在其中一方擁有更多資訊的情況下，因而引發了以下問題：要是我們覺得，自己一直處在隨時被當白痴耍的風

險下，那我們究竟要怎麼達成任何共識呢？

保險公司便會使用各式各樣的合約設計，來消滅逆選擇的存在。健康保險公司會試著排除掉預先存在的狀況[11]，壽險公司會僱用自己的醫療團隊進行健檢，產險公司則會使用高自付額，即保險開始給付之前，保戶必需自付的金額。也有法律會規定，簽訂金融契約前，應該要事先揭露哪類資訊，比如在購買房地產時，即便如此，逆選擇仍可說無處不在，而其成本，絕對會納入保險的價格之中。

考量資訊不對稱的力量，以及這會如何導致沒那麼好的結果，相當重要。假設你正計劃要領養一隻狗，但你想先知道這隻狗狗是否友善，可是收容所不讓你先把狗帶回家試養一段時間，他們表示，「不要就拉倒」。你無法事先知道狗是否有攻擊性，因為收容所的政策對兇狗和乖狗都一視同仁適用。於是，你認為領養這隻狗的風險實在太大，所以狗狗就繼續待在收容所了。這便是所謂的「檸檬問題」，因為產品的賣家通常會比買家知道得更多，導致買家假設最糟糕的情況，使得交易很難完成。

或假設你在一間負責貸款的新創公司工作，你公司借錢給客戶的利率，比他們能借到的最棒貸款還要高上非常多，但卻多多少少比信用卡的利率還低一點（例如 25％）。根據統計，願意支付這樣高利率借貸的人違約的可能性較高，不過你的公司有種演算法，可以辨識出那些還不出錢的機率只有 10％的人，因而可以排除掉有 50％機率還不出錢來的人。話雖如

此，還是只有借錢的人本人，真正知道自己的還錢意願，借錢方則是常常會試圖在金融紀錄中抽絲剝繭，以協助他們做出有根據的推測。

當然，資訊不對稱也可能對你有利。要是你知道你食量很大，那去吃壽司吃到飽就很划算，你應該趕快去找一下哪間好吃。[12] 假如你一周內要開車來回橫越美國，那你就應該去租一台不限里程數的車，因為這樣會比你開自己的車還便宜。[13] 而如果你知道你每幾個禮拜就會慣性弄丟手機，那你也應該去買個保險才對！

最後，你也應該要準備好對付資訊不對稱，不僅是為了保護自己不被敲竹槓，也可以相當站得住腳地跟別人溝通，表示你並不是試圖要詐他們。要是你面對的是親友，那就會存在某種信任關係，通常就可以抵銷這樣的不對稱了。而在商業談判中，固定和對方做生意，也能累積更多信任，因為只要出過一次包，你就不會再和對方打交道了。除此之外，可信的私人承諾、保證、安排公正的第三方，也都能協助彌補資訊落差。最後，進行任何重大決策前，也請好好去研究一番，像是把二手車開去給信任的技師看看、對於潛在的借款者先去做個背景調查、接受某個工作機會前，也先去和幾名前員工聊聊看，這樣才能確保事情順利。

練習

1. 健康保險公司在向老人推銷私人醫療照護計畫時，通常都會在建築的二樓舉辦說明會，而且沒有電梯，這麼做背後的理由會是什麼呢？
2. 某個二手車商超級誠實，想要說服潛在的顧客他絕對沒在賣檸檬車，他該如何證明他所言不虛？
3. 某個你剛認識的人說要賣你一支全新的 iPhone 15，只要 200 美元就好，但手機封在盒子裡，所以你沒辦法先試用，你該買嗎？

解答見 315 頁

瓶頸

瓶頸

學科：商業學／管理學

概述：在所有製程中，都擁有某種限制因素或稀缺資源，將決定產能的上限，這便稱為瓶頸。

為何重要：瓶頸會發生在製程中，但在許多教育、運動、商業情境中也會出現，去尋找限制因素並改善，以實現最大的進步吧。

學科內範例：在汽水的裝瓶產線上，裝瓶機每分鐘可以裝 100 瓶，封蓋機則是每分鐘可以封 150 瓶，再加一台封蓋機的話，並不會增加產量，因為瓶頸是出在裝瓶機上。

學科外範例：你買了台新筆電，配備 Intel 最快的處理器，記憶體卻只有 2G，於是筆電跑得非常慢，因為記憶體並不足以發揮處理器的速度優勢。

討論：瓶頸的經典例子，就是有個走路非常慢的童子軍，名叫賀比[14]，會拖慢身後所有人的速度，所以隊伍就只能按照他的速度前進。協助他走更快，是唯一能讓隊伍全體走得更快的方法，在這個情況下，大家採取的方式是把他背包的內容物分配到其他人的背包裡。在製程、運算和其他商業情境中，瓶頸都極為常見，而在生活中，也有不少瓶頸的例子。

假如目標是要進步，不管是你的成績、某個技能、你的事業，那就必須把重點放在發展最少，且拖慢其他部分的因素上，比如：

- 要精熟一首鋼琴奏鳴曲，那最難的段落就一定要彈得跟

最簡單的段落一樣滑順才行，否則就不可能達成。

- 假如你記性很差，記不住顧客或同事的名字，你就必須為了這個任務，發展出一套記憶技巧。

- 假如你在某團隊中工作，且其中一名成員速度明顯比其他人都還慢，那其他人就必須要伸出援手，不管是在實質上或腦力上，才能讓團隊完全發揮潛能，不然那個人就得被換掉。

- 你想發展養蝦事業，但蝦網短缺中，你現在已經有足夠的顧客和員工準備好擴張了，可是少了網子你就寸步難行。

- 你今年下定決心要趕回家吃晚餐，但因為無法預測的通勤狀況，你總是會遲到，所以你得在一天中擠出空閒時間，或者採用混合式的工作安排，以便早點回家。

　　總是尋找最弱的因素，並試圖加以改善，能夠讓你在許多層面上都獲得進步。不過在此聲明，這並不是要你一直鑽牛角尖，總是去想負面的事，而是你應該要記住，人類天生就不甘願去處理他們的弱點，總是偏好走更簡單的路，也就是專注在自己的長處上。然而，這並不會帶來進步，瓶頸依然存在！

練習

1. 鉛筆製程分為 3 步驟：製作鉛筆、裝上擦子、削尖。鉛筆機每小時可以製作 1,000 支鉛筆，「裝擦機」每小時可以裝 2,000 個擦子，削鉛筆機則是每小時可以削 500 支，如果要增加整條產線的產能，該怎麼做最好呢？

2. 你想在之後的西班牙文考試中拿滿分，你已經精熟動詞變化，字彙量也不差，文意理解卻很糟糕，那你應該特別惡補哪個部分？

3. 你試圖打進校籃隊，你很愛練習跳投，因為通常都會投進，而其他人來看球賽也是為了看你精湛的射籃技術的，然而，你知道左手上籃也是必要的技巧，但你卻上不進，所以你該怎麼安排你的練習時間呢？

解答見 316 頁

注釋

1. 你有學過計量經濟學嗎？沒有哦？那你還真走運欸！
2. 真的是謝謝妳囉，老媽！
3. 有趣的是，英文原句「the most bang for the buck」一開始其實是百事可樂的宣傳口號，但很快在軍事用詞中被採納。
4. 用商學院的術語來說，就是「BATNA」，協商共識的最佳替代方案（Best Alternative to Negotiated Agreement）。
5. 大衛・李嘉圖（David Ricardo）是這個概念在歷史上最主要的倡導者，可參見他 1817 年的著作《論政治經濟學及賦稅原理》（*On the Principles of Political Economy and Taxation*）。
6. 這些人得到的資訊，是挑選帽子的籃子中共有兩頂白帽，三頂黑帽，且他們不允許說話，除非是要猜測自己帽子的顏色，如果發言的人猜對了，就全部的人都可以獲釋，但要是猜錯了，就全部都會送回去終生監禁。當然，其中一人可以就這樣瞎猜，但假如每個人都假設其他人會完美按照邏輯理性行事，那麼就可以透過演繹法推論出特定的答案。精確來說，假如站在最後面的人，可以看見兩頂白帽，那他就知道自己戴的肯定是黑帽，而且也會這麼說，因為籃子裡就只有兩頂白帽，而他兩頂都看到了，假如他沒說話，那他要不是看見兩頂黑帽，就是一黑一白。所以，中間的人就可以接著演繹推理出，要是他看見的是白帽，那他自己的肯定是黑帽，於是就可以開口發言，然而，假如他看見的是黑帽，他就無法知道自己那頂的顏色，所以也會默不作聲。因此，要是身後的兩人都保持沉默，那排頭的人就知道，他絕對會是戴黑帽的那個，這麼說之後，就全部的人都能重獲自由啦。
7. 1960 年代時，俄羅斯決定在古巴裝設核彈發射台，離佛州海岸只有幾公里遠而已，這些飛彈對於美國的國家安全來說是真正的威脅，必須在興建完工之前就解決問題才行。
8. "Badminton Women's Doubles—Korea v China |London 2012 Olympics," https://www.youtube.com/watch?v=7mq1ioqiWEo&app=desktop; and Jason Hartline, "Badminton and the Science of Rule Making," Huffpost, August 13, 2012, https://www.huffpost.com/entry/badminton-

and-the-science-of-rule-making_b_1773988.

9. 我們就暫時先忽略紐約大都會隊、紐約洋基隊、紐約遊騎兵隊、紐約島人隊、紐約尼克隊、布魯克林籃網隊、紐約巨人隊、紐約噴射機隊過去幾十年或更久以前的表現吧。

10. "Myspace"，維基百科，最後修訂日期 2023 年 3 月 26 日，https://en.wikipedia.org/wiki/Myspace.

11. 在歐巴馬的《平價醫療法案》（Affordable Care Act）通過之前，情況更是如此。

12. 不過事實上，無論你食量大小，吃到飽壽司可能永遠不會是個好主意。餐廳要賺錢，肯定是用爛魚，而這很常會導致食物中毒。

13. 假如一台車要價 30,000 美金，可以撐 16 萬公里的話，那每開 1 公里的成本，此處忽略修理費、保險、油錢，只計算車子本身，就是 0.1875 塊，那麼開 4800 公里，就表示車子的成本，也就是所謂的「折舊」，會是 900 塊。所以，一天花 50 塊租車其實會是合理很多的選擇！

14. 參見伊利雅胡・高德拉特（Eliyahu Goldratt）的《目標》（*The Goal*）一書。

第**5**章

機率和統計

　　統計學可以是個枯燥乏味的主題，因此也時常會遭到避開，就像種眾所皆知的瘟疫一樣，遺憾的是，這個主題也足夠複雜，要是你沒有好好理解，那你就有可能身懷被耍的風險！你可能甚至聽說過，可以操縱統計數據去「證明」任何事，如同以下這句瞎掰的話所描述的：「世界上有三種謊言：謊言、他媽的謊言、統計數據。」不幸的是，這句話距離真理只有一個標準差。

　　以這本書的目的而言，我們會省略大多數統計相關的數學，轉而聚焦在背後的原理上。這些直覺可說非常有用，幾乎在社會的所有層面上都會用上，教育、健康照護、工程、政府、財經、數十種其他領域等等，這樣的普及性，結合受到濫用的極高機率，正是了解統計之所以十分重要的原因。沒人喜歡被誤導，而我將協助你欣賞統計做得到，以及做不到的事。

　　和統計關係密切的，則是其表親：機率。統計學是分析數據，並從其中得出合理結論的過程，機率則是反向運作，是根

據已知的規則去預測結果，這在玩遊戲時很好用，不管是桌遊、賭場的遊戲、牌戲都是，在現實生活中也很有用，要是不理解可能結果的範圍，以及發生的機率，那是不可能做出良好決策的。

　　所以，我們就來學點統計跟機率吧，媽的，你搞不好甚至還會很享受勒！

相關 VS 因果

相關 VS 因果

學科：統計學

概述：要是有兩組數據是正相關，也就是會朝同個方向發展，但此外沒有其他資訊的話，那就完全無法判斷兩者的關係是 A 數據導致 B 數據、B 數據導致 A 數據、或兩者獨立，即 A 沒有造成 B，B 也沒有造成 A。

為何重要：接受相關，卻不理解因果概念，在知識上來說是個非常危險的錯誤。即便並沒有表現出因果關係，數據也可能會讓你對結論擁有太多信心，因而辨識出因果非常重要，且在做任何決定前，也應找出合理的解釋，解釋為何存在相關。

學科內範例：某研究顯示，吃魚的人比較不容易出現暴力犯罪的情況，因此認為吃魚會讓大家變得更心平氣和。然而，另一個替代的解釋則是魚肉相對昂貴，且平均來說，你越有錢，出現暴力犯罪的情況就越低。

學科外範例：在冰淇淋賣得好的日子，太陽眼鏡也會賣很好，那是代表戴太陽眼鏡的人愛吃冰淇淋呢？還是愛吃冰淇淋的人也愛戴太陽眼鏡？或者說有另外的解釋（也許那天就是很熱）能夠解釋這兩個現象？

討論：在統計學中，當兩組變因或數據會朝同一個方向發展，就稱為「正相關」。比如，要是你把孩童每天喝的汽水量和他們的蛀牙情況比較，你就會注意到其中存在正相關，喝越多汽水，就越會蛀牙。在這個案例中，關聯背後的原因非常明顯，汽水含糖，而糖會導致蛀牙，這就叫作「因果」，即某變因**造成**了另一者。然而，在許多情況下，變因其實沒那麼明顯

（參見圖 5.1）。例如，養狗的人和沒養的人相比通常比較不
容易過敏，這是因為他們免疫系統對於過敏原的反應隨著更大
量的接觸而減少了呢？還是因為過敏很嚴重的人，打從一開始
就根本不會去養狗？

圖 5.1：相關並不等於具有因果關係。圖片來源：https://xkcd.com/552/。

　　可惜的是，相關不一定總是能完整解釋。變因 A 可能導致
變因 B，變因 B 也可能導致變因 A，但兩者也都有可能是由
變因 C 導致，甚或是各種組合。因此，對無恥或懶惰的人來
說，其實很容易就可以得出符合他們目的或需求的結論。此
外，也務必要記得，統計也可能顯示出看似真實，事實上卻是
出於隨機的關係，稱為「偽相關」。只要數據給得夠多，幾乎
總是能夠透過「數據探勘」找到一些強烈的統計關聯，但實際
上卻是狗屁不通。事實上，有人還替偽相關這個主題寫了一整
本專書呢[1]，參見圖 5.2 ！

　　你應該時刻記住，從統計數據中得出結論，卻不理解因果關係為何存在，有可能會造成極端危險的情況，尤其是在醫學、藥物開發、公衛領域中。比如，人工智慧和機器學習近年來的發展，便導致了從偽因果性得出的種種危險結論。[2]

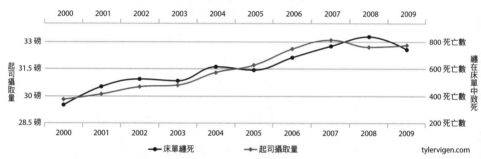

圖 5.2：偽相關，參見 http://www.tylervigen.com/spurious-correlations。

練習

1. 中世紀時認為蝨子對健康有益，因為生病的人身上幾乎很少發現半隻蝨子，當時的假定認為要是蝨子離開人體，那人就會生病。假如你已經知道蝨子對宿主的體溫非常敏感，針對這個發現，你能夠提出其他別種解釋嗎？

2. 據說小時候開著燈睡覺的小孩，長大後近視的機率也會比較高，明亮的睡眠環境真的會導致近視嗎？

3. 冰淇淋賣得好，據說和更多人溺死相關，那你應該遊說你住的城市禁止販售冰淇淋嗎？

解答見 316 頁

統計顯著

統計顯著

學科：統計學

概述：從巨大的資料組中分析特定的樣本，可能可以，也可能無法讓你針對所有數據，得出準確的結論。除非你分析每一筆資料，不過這通常很不切實際，否則你就必須接受你挑選的樣本可能不具整體代表性，且任何從該樣本中得出的結論，也都有可能是錯誤的。

為何重要：統計學可說是滲入生活中的許多層面，包括私人層面的醫療及飲食問題；專業層面的健保、財務、製程、基礎科學、職業運動領域；管理及政府層面，比如近期的流行病學等等。統計學應該要致力於揭露真正的關聯，但也可能受到刻意操弄，以導向錯誤的結論，因而了解何時才是正確運用了統計數據，進而帶來重要且有意義的結果，可說是項值得擁有的重要技能。

學科內範例：某養殖魚場中有 10 萬隻鮭魚，工人用網子抓了其中 200 隻，然後拿去秤重，魚場方計算了這 200 隻鮭魚的平均重量，以及這些鮭魚有多高的機率可以代表魚場整體的鮭魚，這個範圍便稱為「信賴區間」。

學科外範例：某臨床試驗只找來了 20 名患者，其中 10 人得到真正的藥，另外 10 人則拿到安慰劑，有 7 名拿到藥的患者症狀出現改善，安慰劑組症狀改善的人數則是 5 人，而這樣的差異並不夠大，無法構成統計上的顯著，且也有可能是因為隨機變因，因此，美國食藥局不予核准該藥物。

討論：思考巨大的資料組時，最直覺的描述統計方法便是所

有數值的平均值。數據的範圍，或說變異數，即觀察到的結果在平均值周圍的分布廣度，雖然稍微沒那麼明顯，卻還是蠻容易理解的概念。而這兩種概述統計，都能帶來頗大的幫助，比如某條深度平均 150 公分，深度範圍介於 120 公分至 180 公分的河，和另一條平均深度相同，範圍卻介於 60 公分至 365 公分之間的河相比，在橫渡上就會更安全。而囊括了這兩種衡量標準的概念，便稱為統計顯著。

生活中有許多情境，只有辦法蒐集到小樣本的數據，比如找人類受試者試藥。因此，明確說明該樣本是否足以信賴，能代表現實狀況，可說十分重要，否則整個行為就有點沒意義了。統計學讓我們能夠取一部分的數據樣本，計算該樣本的平均和變異數，並做出結論，得知該樣本在事實上有多大的可能性能夠準確反映整體。樣本數越大，具代表性的機率就越高，但是現實世界的樣本蒐集成本相當高昂，所以從這個觀點來看，樣本數小一點，可能還是會比較好。

手上有了平均和變異數之後，我們就可以計算某種叫作「信賴區間」的東西，即我們極度確定，真正的數值所落在的範圍區間。換句話說，我們很難完全肯定美國男性的平均體重精確為 81.7 公斤，但我們可以 99％地確信，平均體重是落在 79.8 公斤和 83.5 公斤之間，前提是我們的取樣方式足以代表母群體。如果畫成圖像，我們會使用鐘形曲線的簡化概念，並且注意「曲線下方」的區域，參見圖 5.3。

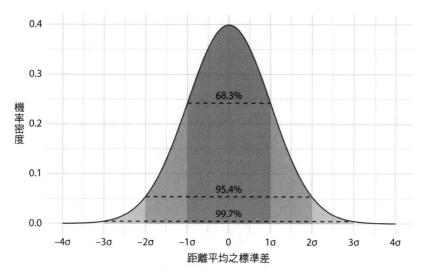

圖 5.3：常態分布，又稱鐘形曲線。感謝 D. Wells 透過維基共享資源授權，CC BY-SA 4.0， 參 見 https://commons.wikimedia.org/wiki/File:Standard_Normal_Distribution.png

　　在這裡舉個例子應該會很有幫助。假如試著要去估計全美國所有狗狗的體重，數量約有 1 億隻，我們可以隨機打給獸醫和動物收容所，並詢問他們手上所有狗狗的體重。假設我們用這個方法蒐集到了 10 萬筆數據好了，並算出平均體重是 12.7公斤，標準差是 1.8 公斤（標準差是用來衡量變異數的一種標準），且知道約有 95％的觀察結果是位於兩個標準差內 [3]，我們便能說有 95％的狗狗，體重會介於 9 公斤到 16.3 公斤之間，算式分別是平均值減掉兩個標準差〔12.7-（1.8x2）〕，以及平均值加上兩個標準差〔12.7+（1.8x2）〕。而由於我們擁有許多數據，即 10 萬筆，我們也擁有高達 99％的信心水準，認

為這將離所有樣本的實際範圍非常接近。然而，要是我們只有打給一個獸醫，並且只拿到 100 隻狗的體重數據，那我們的信心水準就會低很多。比如說，那個獸醫的主要服務的對象，可能是偏好小型犬的都市人口，所以數據就會往那個方向出現偏誤。

同樣重要的，還有必須記得無論統計的信心水準有多高，樣本依然不等於全體，除非我們觀察了每一筆數據，否則我們就不能百分之百確定我們分析的子群體絕對沒有偏誤。比如說有個大壺裡面裝了 1,000 顆球好了，且只有其中 10 顆是黑球，那假如我們從壺裡拿出 10 顆球，卻看見 5 顆黑球，我們就可能會做出錯誤的結論，認為有半數的球都是黑球，澄清一下，這個情況極不可能發生啦，但還是有機會發生。總之，我們應該永遠謹記，樣本存在著誤導的可能性，而在現實生活中，這個狀況之所以會發生，通常都是因為取樣方法存在偏誤，無論是有意或無意。

更廣泛一點來說，永遠謹記基本上所有事實、決策或結論，都應該擁有其對應的數值及信賴區間。生活充滿了不確定性，比起假設這點並不存在，最好還是明確認清，並將此納入考慮才對。太陽明天依舊會升起嗎？很有可能會，但是統計上來說，就連這都不是百分之百確定的事！

影響傳奇投資人喬治・索羅斯（George Soros）甚鉅的科學哲學家卡爾・波普（Karl Popper），便提出了所謂的「可否證性原理」，即所有科學理論都應該受到檢驗，而要是證明為

假，那該理論就是錯誤的。然而，缺少可否證性，也並不表示該理論是正確的，因為我們可能只是還沒找到能證明該理論為假的證據而已。同理，重要的還有，我們也應該要固定以可否證性，來檢驗我們強烈信奉的信念，並藉由理解到新的資訊，有可能，而且也應該導致假設的改變，從而調整我們的信念。

相關概念一：偽陽性及偽陰性

有鑑於所有的統計分析都存在錯誤的空間，我們也應該要預期會出現兩種常見的錯誤。第一種便是數據和預測值並不一致，事實上卻是正確的，稱為「偽陰性」；第二種則是數據確實和預測值一致，事實上卻是錯誤的，這叫作「偽陽性」。

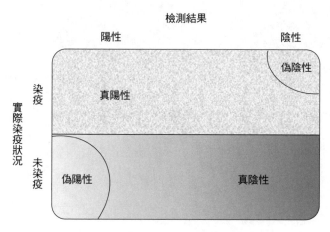

圖 5.4：新冠肺炎檢測中的偽陽性及偽陰性

　　偽陽性和偽陰性的概念，在醫檢的脈絡中尤其重要（參見圖5.4）。在新冠肺炎疫情期間，某些快篩試劑的偽陽性機率便超過 70％，即檢驗結果是陽性，但受檢者其實並沒有染疫，且偽陰性機率也差不多一樣高，使得我們不禁質疑這類快篩真正的效力。假如發生機率很低，也就是說染疫的人口比例很低的話，就連非常準確的測試也可能會導致糟糕的結論。

　　比如，假設染疫的機率是 1％，這表示 100 個人裡會有 1 個人染疫，且假如某試劑的偽陽性率為 10％，然後檢測了 100 個人，那麼結果就會包含 10 個偽陽性和 1 個真陽性。所以，就算有個人驗出來是陽性，依舊表示只有 1/11，即大約 9％的機率真正染疫而已，這使得該試劑基本上一點屁用都沒有。[4]

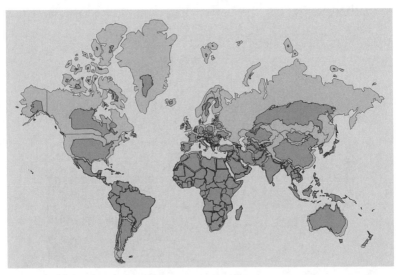

圖 5.5：麥卡托投影法，根據實際面積大小調整過之範圍為深色，先前未調整之情況為淺色。參見 https://engaging-data.com/country-sizes-mercator/。

相關概念二：地圖並不代表實際領土

現在也是個好時機，提醒你模型是真實世界的簡化，即便在大多數的用途上通常都足夠準確，依然不會改變這點。比如，一張只標示出道路的地圖，要導航去朋友家就百分之百適合，就算地圖漏掉了許多地形特色，比如坑洞或丘陵，那也沒關係。然而，重要的是，務必要記住地圖和所有的模型，天生就是不準確的，且也是刻意為之，並可能會導致你得出錯誤的結論。我們大多選擇使用麥卡托投影法的世界地圖來協助船隻導航，所以從這個角度來看，這就是最好的模型。話雖如此，這種投影法依然嚴重扭曲了國家間的相對大小，導致許多人誤以為格陵蘭跟非洲一樣大，但格陵蘭的實際面積其實只有圖中的 1/14 而已，參見圖 5.5。

練習

1. 某人從罐子裡拿出 5 顆 M&M 巧克力，全都是紅色的，於是他認為罐子裡所有的巧克力都是紅色的。合理的回應會是什麼呢？

2. 某科學研究顯示，一種叫作 Zoextra 的新藥可以延長你的壽命，然而，你閱讀該研究後，發現這種藥物只給 5 名病人試驗過而已，那麼你對此資訊該做何反應呢？

3. 你遇見了 3 名挪威人，全都既友善又討喜，接著，你遇到 3 名瑞典人，全都愛生氣又愛爭論，根據這樣的基礎，你該做出什麼結論呢？

解答見 316 頁

平均回歸

回歸平均值

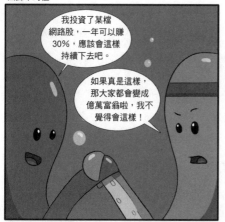

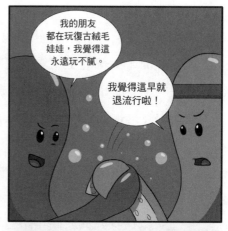

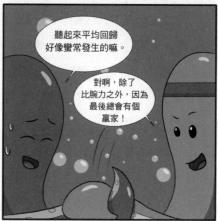

學科：統計學

概述：即便某些過程會朝某個方向發展，但許多過程隨著時間經過，還是會回到平均值，因此，推斷趨勢可能會導致錯誤的結論。

為何重要：人類會遵循模式，且易於相信各式趨勢會持續發展，然而，從統計上來看，趨勢通常會回歸，所以比起太晚「進場」，最好還是什麼都別做。不過，心理上的壓力將使得我們很難抗拒這樣的誘惑。

學科內範例：在十年期間內，回報高於平均的投資，在下個十年內，回報通常也都會低於平均。

學科外範例：有人研發出了一種新的「生長」藥，並提供給年僅 7 歲且身高低於同年齡組平均的小孩服用。接下來幾年內，他們的生長速度和身高高於平均的孩子相比是兩倍快，媒體於是將這種「生長」藥稱為奇蹟之藥。但事實上，這藥只是安慰劑，因為體型較小的孩子，本來就會長得比平均速度還快以趕上平均值，而體型較高大的孩子則會長得更慢，兩者都是回歸到平均而已。

討論：如同在第 4 章的「規模經濟」小節中所討論的，趨勢有時也會自我強化，隨著時間經過變得更為重大。在過去五十年間，富者就變得更富，有權有勢的人也變得更加有權有勢，同時在政治系統內應用這樣的財富及權勢，為自身帶來更多利益。不過更常見的情況，卻是鐘擺會往反方向盪，趨勢會逆轉過來，而這就叫作「平均回歸」。

　　某趨勢為何會回歸平均有多種原因，以下便是幾個發生過程的實際例子：

1. **供給和需求**：種出一顆酪梨要花 1 美元成本，且通常可以賣 2 元，假如更多人吃酪梨吐司，也就是需求更高，那麼酪梨的價格就有可能漲到 4 元，因為會出現酪梨短缺，尤其是在紐約、奧斯汀和舊金山。為了因應這個狀況，酪梨農會使用更多肥料，並種更多酪梨樹，如此一來，酪梨的供應量就會上升，並讓價格回到 1.5 元。然後，因為供過於求，較低的價格又回過頭來鼓勵大家吃更多酪梨，造成需求上升，並讓市價回到 2 元。

2. **流行潮流**：小孩都超愛指尖陀螺、彩色手環、絨毛娃娃的，他們會買好幾十個，大小和顏色各異，直到玩膩為止，然後就會不再買這些跟風玩具，改成去買別的。

3. **投資的數學**：買股票通常能提供 8％ 左右的投資報酬率，這樣的收益是由公司本身的根本收益所驅動，所以，平均而言，某公司股票的基礎價格，每年大約會成長 8％，不過在任何一年中，股價都有可能大幅偏離這個「公正值」。例如，在股票投資報酬率維持 15％ 多年後，股價和一開始的基礎價格相比，可能會變得非常高，高到未來預期的投資報酬率可能只有每年 2％ 而已。投資人了解這點，所以他們會把股票賣掉，然後股價就會下跌，最終，要是跌得夠多，預期的投資報酬率

又會再度回到 8％，但也可能更高。

4. **心理學和人類的本性**：約翰和珍通常成績差不多。當約翰開始考差時，他就會認真一點，與此同時，珍則是一直拿 A，所以決定可以不用這麼用功。最終，他們的成績又會回到同樣的程度。在金融市場中，泡沫的形成跟這個很類似：當投資人被股價上升所麻痺，會願意承擔更大的風險，當這種現象過度發展，投資風險會遠大於預期的報酬，然後大家就會虧超多錢，且這樣的過程還可能會以非常大規模的方式展開。

5. **生理過程**：某個孩子根據她家長的身高推論，應該會長到 170 公分，7 歲時，她的成長速度就已經比預期還快上很多，而且，根據她這時的身高，她應該會長到 180 公分。然而，她在比預期還更早的時間便停止生長，最後還是只有 170 公分高，許多生理過程都是以類似的方式進行自我校正。

6. **社會因素**：馬克思主義的社經理論，預測雖然資本主義會導致財富集中在少數人手中，最終勞苦的大眾卻會揭竿起義，並將財富從控制的菁英階級手中奪回。[5] 換句話說，當財富過度集中於少數人手中時，資本主義終將自食惡果，因為「多數」終會拒絕接受這個結果，並以更公平的方式重塑社會，無論是藉由選舉或是訴諸暴力，財富都會受到重新分配，社會結構也會大改組。

在許多學科中還存在很多例子，但此處的重要教訓是人生總會校正回歸。這並不是要說人生是公平的，絕對不是！我也不是要說所有過程都會回歸平均，然而，仍是時常存在著各種機制，會讓整個系統回復到某個穩定的區間。

練習

1. 你的投資顧問打給你，並建議你購買某支投資基金，這支基金過去八年來表現都非常出色，你該如何回應呢？
2. 在合理的情況下，你的新陳代謝都會適應調整，讓你的體重大致維持一致，假如你攝取了大量卡路里，那你的身體就會更快燃燒掉這些卡路里，而要是你攝取很少卡路里，那你體內的生理過程就會放慢下來。所以，要是你放假時不小心胖了幾公斤，你的最佳甩肉策略會是什麼呢？
3. 你在玩 21 點，而且已經拿到好幾張點數很小的牌了，你現在該怎麼調整你的玩牌策略呢？

機率

機率

學科：統計學

概述：世界上不存在確定性，只存在機率上的結果，從原子的尺度到宇宙的發展，機率都形塑著我們的生活。

為何重要：人生中的絕大多數面向都包含機率的元素在內，或者許多人會將其稱為運氣。理解這項事實，並學會怡然自得面對各種可能的結果，一切可能都存在於機率的領域之內，將讓你能夠預測人生中的各式挑戰，並加以因應調整。

本小節和其他小節的安排方式會稍稍不同，比起提供幾個機率相關的例子，然後再附上幾段討論，我會提供機率的各式基本性質，以及一連串的例子來闡述這些性質。悠遊於機率之間是項重要技能，假如覺得本小節不夠清楚，那你應該採取其他措施來增進你的理解。因此，我在本書的「相關資源及推薦閱讀書單」中，也推薦了一些書籍和線上資源，我相信應該會頗有幫助。

以下便是機率的幾項基礎概念：

1. **機率的大致定義**：特定事件發生的機率，指的便是用有可能發生的方式總數，除以潛在結果的總數。比如，擲 2 顆標準的六面骰，有可能會產生 36 種不同的組合（參見圖 5.6），而因為有 6 種不同的方式，兩顆骰子的點數加起來會是 7 點，即 1+6、2+5、3+4、4+3、5+2、6+1，用 2 顆骰子擲出 7 點的機率就等於：6 種擲出 7 的方式，除以擲 2 顆骰子的 36 種可能組合，也就是 6/36，或

1/6，約 16.7％的機率。

機率永遠都會介於 0 和 1 之間，這涵蓋了從不可能，也就是 0％的機率，到一定會，即 100％機率之間的所有範圍。

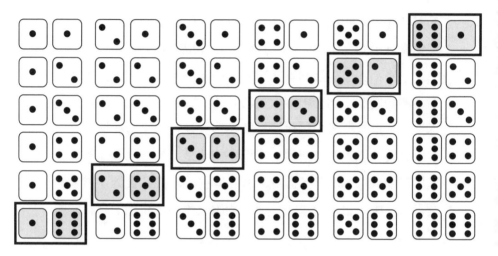

圖 5.6：擲 2 顆骰子的所有可能組合。

圖 5.7：拋 1 枚硬幣的基本機率。

2. **基本機率：**要是你拋 1 枚公正的硬幣，會有 1/2 的時間是正面朝上，另外 1/2 的時間是反面朝上（參見圖 5.7）。假如你從裝有所有球的籃子裡挑 1 顆賓果球，那麼 75 個號碼中的每一個，就都擁有 1/75 的機率被挑中。

3. **機率的相乘性質：**要計算多個獨立事件一併發生的機率，就需要將每個獨立事件獨自發生的機率相乘。例如，假設生下紅髮小孩在基因上的機率為 1/9，而生女孩的機率是 1/2，那生下紅髮女孩的機率就是 1/9 x 1/2，即 1/18。拋 2 次硬幣，2 次都正面朝上的機率是 1/4，也就是 1/2 x 1/2，而丟 3 次，且 3 次全都朝上的機率則是 1/8，即 1/2 x 1/2 x 1/2。圖 5.8 便顯示了你拋 3 次硬幣會出現的 8 種方式，且每種方式發生的機率都相等，你從圖中就可以看出，3 次都正面朝上的結果就屬於 8 種方式之一。

4. **大樣本及大分布法則：**即便拋 1 次硬幣應該有 50％的機率會出現正面，你隨便拋 1 個硬幣，結果要不是正面，就會是反面，換句話說，要不是 100％正面，就是 0％正面。而每拋兩次會出現的結果，會是以下 4 種之一：正正、反反、反正、正反，這各自對應了 100％正面、100％反面、50％一正一反的機率。因此，對於小樣本的實驗或重覆動作來說，實際觀察到的機率和預測的機率可能會出現極大落差，然而，在拋了好幾千次硬幣之後，機率就極有可能會呈現正反大致各一半的情況（參

圖 5.8：機率的相乘性質。

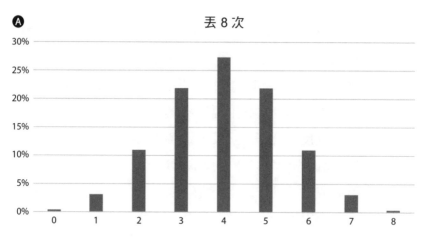

圖 5.9 A 至 D：大樣本法則。

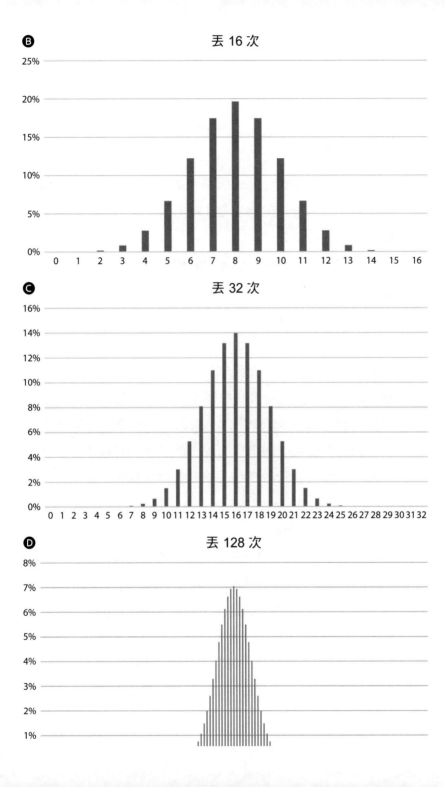

見圖 5.9）。話雖如此，你還是很難獲得剛好 50％的正面機率，但你會趨近，而你拋的越多次就會越接近這個機率。

5. **逆機率**：某事**不會**發生的機率，便等於 1 減掉發生的機率。假如我中樂透的機率是 1％，那我沒中樂透的機率就是 99％。

6. **條件機率**：要是你從 1 個密封的壺中拿出了 1 顆黑球，那你是不可能得知壺中黑白球的分布情況的。然而，要是你連續拿出了 50 顆黑球，那你就能安全假定壺裡的球大多數甚或全部都是黑色的，且你拿出的下一顆球很有可能也會是黑球，參見圖 5.10。

7. **基本比例**：絕對的程度和機率改變都很重要。10 倍的改變對於發生機率 5％的事件來說就極為重要，但對發生機率只有萬分之一的事件來說，就沒什麼意義了。因為在第一個情況中，5％的發生機率會變成 50％，而萬分之一的機率，依然只會變成千分之一而已。

　　你聽說史提夫很害羞，且必須猜他是業務還是圖書館員，你可能會很想說他是個圖書館員。然而，全美其實只有 16 萬名圖書館員而已，業務員的人數則是 100 倍，所以史提夫更有可能是個害羞的業務員，而不是圖書館員（參見圖 5.11）！這個概念的重點就是要相信數據，要是某件事極不可能發生，那不管你聽到什麼說法，八成還是不太可能真的發生！

圖 5.10 A：壺裡的球。「DALL-E」AI 生成。

圖 5.10 B：壺裡的球。「DALL-E」AI 生成。

討論：機率為何重要？因為即便統計描述了已經發生的事，且無論我們是要認為那很重要，還是置之不理，機率依然都提供了一個可以預測未來結果的系統。而機率在遊戲、投資、醫學、許多專業和休閒活動上也都很重要，例如：

1. 某醫學程序，比如一次癌症檢驗好了，擁有 1/20 的併發症機率，檢體本身就有可能導致感染，另外還有 10％的

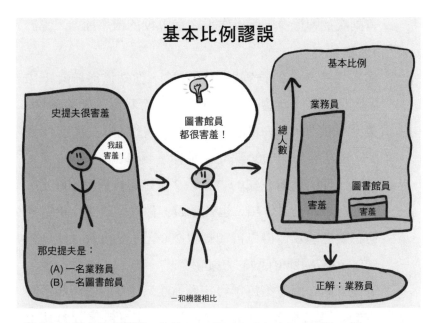

圖 5.11：基本比例謬誤，參見 https://thedecisionlab.com/biases/base-rate-fallacy。

假陽性機率，即有 10％的機會檢驗會告訴你你罹患了癌症，但實則不然。那麼在什麼樣的情況下，去做檢驗其實並不是個好主意呢？

解答：當得癌症的風險很低，低到併發症發生的機率比真正罹患癌症的風險還高上很多時。

2. 你在玩 5 張撲克牌遊戲，並抽到了 3 張皇后，你認為你需要 4 張皇后才能贏，再抽到另一張皇后的機率是多少？

解答：剩下的 49 張牌中，只有 1 張是皇后，不過你還

有兩次抽牌機會，所以你大約有 2/49 的機率抽中，等於 4%左右。

3. 你在考慮幫你的狗狗買哪種保險，你知道從統計上來說，你的狗一年會去看一次獸醫，而看那一次要花 200 美元，另外有 1％的機率，你的狗會需要去住寵物醫院，而這要價 10,000 美元。那你是要購買年費 500 元，且可以理賠所有花費的方案呢？還是年費只要 100 元，但要花 200 元自付額，也就是說，你的保險開始給付任何花費之前，你得先自掏腰包 200 元，然後還只能理賠 50％，稱為共同保險的方案呢？

   解答：第一個方案每年會花你 500 元，且這個金額是固定的，第二個方案的金額則是不一定，但預計會花上 100 元的保費，加上 200 元的獸醫費，這筆費用因為自付額的關係，並沒有包含在理賠中，再加上 50 元狗狗去住寵物醫院的期望值（1％ x10,000 元 x 50％的理賠），這樣總共是每年 350 元，所以第二個方案會比較划算。但是，完全不買保險則預計會花上你看獸醫的 200 元加上狗狗去住寵物醫院的期望值 100 元（1％ x10,000 塊），總共是 300 元，所以這樣甚至更加划算，假設寵物醫院的費用不會超過 10,000 元的話。

4. 有個巨大的小行星正朝地球猛衝而來，會造成直接影響的機率是多少呢？

   解答：其中的數學非常複雜啦，但你可以模擬小行星會

走的所有可能路徑，並計算出哪些會使其和地球相撞，根據我在線上搜尋的結果，答案大概是落在百萬分之一左右。

5. 福特正在考慮是否要因已知的轉向失靈問題，召回某型號的車子，他們預測失靈機率會是萬分之一，也就是說，每 10 萬台車會有 10 台出問題，且每次出問題的代價會是 50 萬美元，大家是不太可能會死沒錯，但是會出意外，而福特得和車主和解。全數召回和更換轉向系統的成本，則是每台車 1,500 元，福特應該怎麼做呢？

解答：道德倫理先放一旁的話，他們發覺從經濟成本的觀點來說，全數召回的成本會是 1 億 5,000 萬，而處理法律訴訟的成本則只有 500 萬，所以他們沒有發動召回。

6. 你在考慮要參加學校的摸彩，大獎是台價值 30,000 美元的新車，彩券則是 1 張 20 元，而你估計他們已經賣出 300 張了，再幾分鐘就要開獎了，你該去買 1 張試試嗎？

解答：買，而且你應該買一大堆，假設你很想要那台車的話！比如說，如果你花了 1,000 元買 50 張彩券，那總共 350 張中，你中頭獎贏到車的機率就會是 1/7，而且車子可是價值 30,000 元。這些彩券的期望值因而會是，也就是 2,100 元，成本則是只有 1,000 元。話雖如此，大多數摸彩和樂透的期望值其實都非常糟糕啦！

7. 我女兒申請了 12 間大學，而每間大學錄取她的機率都約

略落在 10％左右，我老婆很擔心她最後一間都上不了，
她應該這麼憂心忡忡的嗎？

解答：被所有學校都拒絕的機率，指的就是被其中一間
拒絕的機率（90％）乘以 12 次，所以是 $(0.9)^{12}$，最後會
得出 28％。所以，女兒會有 72％的機率至少會上一間學
校。不過，這樣的算法是假設上每間學校的 10％機率是
各自獨立的。

8. 被美國國稅局查逃漏稅的機率是 0.5％，即 1/200。你正
   在考慮是否要申請一筆 1,000 美元的合法扣除額，但你
   把收據給弄丟了。假如你被查到，就必須退回這 1,000
   元，並支付 500 元的罰金，所以你到底要不要申請呢？

   解答：要，考量真的來查逃漏稅的機率很低，繳罰金的
   機率其實也相對低。

9. 你在院子裡看見一隻浣熊，你朋友很怕那隻動物有狂犬
   病，叫你待在屋裡不要出去。你認為這不太可能，於是
   跑去趕走那隻浣熊，因為你讀過的資料說，有史以來因
   為浣熊帶有的狂犬病而致死的紀錄只有一例。[6]

   解答：這徹頭徹尾是個理性的決定，然而，浣熊還是有
   可能抓傷你和咬你，而且打狂犬病疫苗超痛的啦！

10. 妳讀到女性的平均預期壽命為 81 歲，而妳現在已經 80
    歲了，所以相信自己只剩一年可活，這是正確的嗎？

    解答：錯，妳忘了所謂的條件機率，平均的 81 歲，是應
    用在所有年齡的女性身上的，包括那些比較早死的人，

而對於已經吃到 80 歲的女性來說，預期壽命其實是 90 歲，或是 100 歲。

11. 美國食藥局正在考慮核准一支非常貴的疫苗，要價 1,000 美元，可以降低罹患某罕見疾病的機率 50%。然而，稍微研究了一下之後，他們發現患病率其實只有十萬分之一而已，那究竟該不該核准放行呢？

解答：不該，假如全國都打了這支疫苗，那麼患病人數也只會從 3,000 人降到 1,500 人而已，但是總成本卻會高達 3,000 億。

理解機率的重要性，既令人感到受限，卻又頗為自由。我們的人生並非受到預先決定的，不管是由某個神聖的存在或是其他東西，但也不完全在我們的控制之中，因為隨機性在生活的方方面面中都扮演要角。與此同時，就算是徹底隨機的過程，造成結果的範圍也都是可供預測的。一旦開始從機率的角度思考，你對於最後出了差池的決策感覺就不會那麼差了。不過，對於受到運氣影響的特定成就，感覺也不會那麼棒了。

運氣總是會在某些地方發揮作用。佛瑞德・史密斯（Fred Smith）剛創立 FedEx 不久後，商業貸款就被打槍，連加油錢都付不出來，於是他在拉斯維加斯停留，並在 21 點牌桌上把 5,000 美元變成 27,000 美元，讓公司能夠繼續苟延殘喘下去，直到他能募集到更多資金。[7] 我敢打賭，佛瑞德一定非常感激運氣在他的職業生涯中所扮演的角色！

注釋

1. 參見泰勒‧維根（Tyler Vigen）的著作《偽相關》（*Spurious Correlations*，暫譯）及 http://www.tylervigen.com/spurious-correlations.

2. Carl Bergstrom、Jevin West，"Criminal Machine Learning"，CallingBullshit.org，2023 年 4 月 8 日存取，https://callingbullshit.org/case_studies/case_study_criminal_machine_learning.html.

3. 「常態」分布則可參見圖 5.3。

4. 這是貝氏定理的例子之一，我們在此不會深入探討，但你在其他有關心智模型的書中可能會讀到。該定理處理的是根據已知資訊帶來的條件，所發生事件的機率，即所謂的條件機率，且時常會應用在基本比例謬誤以及偽陰性概念上，如同我們所討論的。

5. "Marxism"，維基百科，最後修訂日期 2023 年 4 月 6 日，https://en.wikipedia.org/wiki/Marxism.

6. "Understanding Rabies"，The Humane Society of the United States，存取日期為 2023 年 4 月 8 日，https://www.humanesociety.org/resources/understanding-rabies.

7. "Frederick W. Smith"，維基百科，最後修訂日期 2023 年 3 月 25 日，https://en.wikipedia.org/wiki/Frederick_W._Smith.

插曲

我們現在已經討論完了32個重要概念,而光是了解這些概念,都能大幅增進你對許多不同領域的認識,但這只是個開始而已!再來我們將運用這些概念,當作5個不同架構的基礎,而每個架構,也都能讓你在知識交流和成功上獲得長足進步。不過,在這麼做之前呢,我們先來看看下面這張表,預習一下之後將要討論的各個架構,各自和哪些概念最為相關吧。

各概念在架構上之應用

	決策	學習	理解	投資	快樂
認知偏誤					
自尊	X	X	X	X	X
故事而非數據	X	X	X	X	X
理智斷線的判斷	X	X	X	X	X
人文					
身心連結	X				X
效益主義	X				X
需求金字塔	X				X
己所不欲,勿施於人	X				
互惠	X		X		

	決策	學習	理解	投資	快樂
奧坎剃刀	X	X			
反轉	X	X	X	X	X
觀點	X	X	X	X	X
投資和科學					
期望	X			X	X
風險 VS 獎勵	X			X	
複利	X	X		X	
清單	X	X	X	X	X
冗餘	X			X	X
回饋循環	X	X			
活化能		X			X
選擇 VS 結果	X		X	X	X
槓桿	X	X			X
經濟和商業					
沉沒成本	X	X			X
期望值	X			X	
誘因	X	X	X	X	X
邊際效益遞減	X	X	X	X	X
協商	X				
比較利益	X	X	X		X
賽局理論及演繹推理	X	X			X
網路效應及規模經濟		X		X	
逆選擇及道德風險	X			X	
瓶頸	X	X			X
機率和統計					
相關 VS 因果	X		X	X	
統計顯著	X		X	X	
平均回歸	X		X	X	
機率	X		X	X	

　　如你所見，決策架構幾乎能應用所有我們先前討論過的概念，這還蠻合理的，因為決策是個牽涉範圍廣泛到不可思議的活動，且我們所有的心智能力及偏誤，都會在其中產生影響。其他架構則較為均衡，各架構約依賴半數的概念，而為了簡潔考量，我在討論架構時並不會每個概念都提及。無論如何，把這些概念都記在腦海裡，仍是相當有用的。此外，某些概念雖然跟這些架構沒那麼有關，出於其他理由，學會依然很重要。

　　在短暫地暫停一下之後，就讓我們開始討論重要架構吧！

PART 2

重要架構

第 **6** 章

決策

決策

　　就像我剛才提過的，涵蓋絕大多數概念的重要架構便是決策，所以我們就從這裡開始吧。每天，我們都會做出數十個決定，其中某些很輕微，比如早餐吃什麼；某些則很重要，例如是不是要跟某個人求婚。大部分時候，我們都會結合理性思考、直覺、外在刺激來決策，而某些外在刺激是明確來自信任的親友，有些則是無意間內化成期望或是社會規範的。即便大家會使用發展完善的各式系統來解決生活中的許多問題，像是做長除法、疑難排解電腦問題、診斷疾病等，在決策時卻通常不會這麼做，而這似乎是個嚴重的疏忽。

　　本章將討論一種對我來說非常有用的架構，雖說如果完全照本宣科進行，不一定能完美適合你就是了。比以下列出的精確步驟還更重要的，是你能夠理解這類通則，這樣你就能靈活應用這些主意，並且視情況調整。此外，市面上也有許多決策專書，所以假如你想深入探討這個主題，也完全沒問題的！總之，以下的方法具備足夠的彈性，可以適用於各式各樣的決定上。

　　我們就從以下這些決策的重要原則開始：

1. 先決定該決策本身，是否值得花時間應用嚴謹的架構思考。

2. 在實際可行的狀況下，盡量蒐集和決策相關的資訊。

3. 努力想出幾個可供選擇的選項，但不要超過 4 個，以免「選擇悖論」出現。

4. 有意識地去忽略認知偏誤，以防你的潛意識「騙」你專
   注在決策的錯誤層面上。

5. 明確指出決策背後運作的各種期望，包括你自己的，以
   及重要第三方的。

6. 根據當下你手邊擁有的資訊，做出你最不可能會後悔的
   決定。

7. 在檢視完所有資訊後，擁抱情緒上的自己，並根據你的
   「直覺」來做出最後決策。

簡言之，我們會擁有：

1. 尚屬滿意 VS 深入探討（Satisficing versus deep dive）

2. 資訊蒐集（Information gathering）

3. 縮小選擇（Narrow down the choices）

4. 概念及偏誤清單（Checklist of concepts and biases）

5. 明確的期望（Explicit expectations）

6. 後悔最小化（Regret minimization）

7. 擁抱情緒（Embrace emotion）

而我也**誠摯（SINCERE）**希望你能夠記得這個縮寫！

這個縮寫的關鍵，在於按照順序遵循。假如你認為某決策其
實也沒那麼重要，那就沒必要花一分一秒繼續前進到剩下的
步驟，且要是你缺乏足夠的資訊，那你也沒辦法明智縮小選

擇，以此類推。

如果你往後退一步，那你也會發現這個方法將整個決策過程分為 3 個階段：

第 1 階段：決定決策的重要性

在這個階段，你應該自問要在這個決策上花多少時間精力，要是這個決定不甚重要，或者很輕易就會被推翻，那就不值得在上面花很多時間，做個「尚屬滿意」的決定，然後繼續去做下一件事吧。我們應該要避免在決策時想太多才對，也就是所謂的「分析癱瘓」！

第 2 階段：研究決策

你在這個階段中，將會蒐集資訊、把選擇縮小到只剩幾個、同時確認你的認知偏誤並沒有破壞你的決策過程。

第 3 階段：直覺確認

你現在有個初步決定了，但你還得確保自己心情上可以接受，所以用你的期望去衡量這個決策，預測一下未來的自己會不會後悔這個決定，並看看你的情緒腦有沒有任何要補充的事情吧。

我們接下來就來詳細探討每一個步驟。

尚屬滿意 VS 深入探討

並非所有決策都同樣重要，我們每天也都會做出好幾千個不應因此糾結的決定，像是午餐要吃花生醬三明治還是鮪魚三明治？該穿紅襪子還是綠襪子？有兩個層面可以判斷，某決定是否值得更進一步思索：**「這會對你和你身邊人們的生活帶來重大影響嗎？」「決定了之後，要反悔會很難嗎？」**要是這兩個問題的答案都是「會」，那你就應該投注時間好好決定，要是答案都是「不會」，那就做個「尚屬滿意」或「還算好」的決定就好，然後繼續去過你的日子吧！然而，就算是那些影響較小的決定，我依然認為你應該要使用「後悔最小化」的架構去思考，不過應用上不需要那麼嚴謹就是了。換句話說，可以簡單考慮一下步驟 2 到 5，最後記得跳到步驟 6 即可。

資訊蒐集

這部分還蠻直截了當的，但通常會花上最多時間。簡單來說，你在形成意見之前，應該要盡量蒐集最相關的數據，你可以使用帕雷托法則當作大概的指引，蒐集到 80 或 90％這類相關資訊再停手，而且但願你只需要花上 20 或 30％的努力就能完成這件事了。比如你要購買某項產品前，假如有辦法先看一點專業評論，那就應該去看，或如果有人可以提供你珍貴的洞見，那麼只要情況允許，你就應該去接觸一下那個人，並試圖蒐集到多方的觀點。要是有你搞不太懂的特定問題，那你在做決定之前也應該先搞懂。此外，也要記得注意你的認知偏

誤，這將會影響你如何以及為何要蒐集特定資訊，可取用性偏誤、確認偏誤、過度自信、框架效應，都會導致你過度強調特定的資訊，並忽略重要的事實。

　　當然，也並非所有數據都值得考慮，某些其實應該要被忽略。有句電腦程式老話就是這麼說的：「垃圾進，垃圾出。」在良好的決策過程中加進糟糕的輸入，會導致差勁的決策，麥爾坎‧葛拉威爾（Malcolm Gladwell）的《解密陌生人》（*Talking to Strangers*）一書便提供了數個例子，解釋人際互動是如何誤導我們的。[1] 作者在書中提醒了我們，就算是專業外交官和 CIA 的反情報官員，也時常會被騙，所以我們也應該要假設，我們也可能被騙。多數人都認為他們很會看人，但事實上，根據對對方的印象所做出的決定往往比完全沒有接觸時所做的糟。

　　也有越來越多證據指出，實體的面試其實是跟應徵者的討喜度和外向度比較有關，而非是否符合工作所需的要求 [2]，此外，這類面試也會為聘僱過程帶來嚴重的偏誤，導致特定應徵者遭到排除。例如 1970 年時，管弦樂團的女性成員比例就不到 6%，之後才改成徹底盲測，目前的女性比例則是介於 35% 至 50% 之間。[3] 而且，應徵者還常常會撒謊，面試官也會對長得好看的人比較好。[4] 雖然在見面之前就聘僱某個人聽起來有點怪，但數據顯示這正是應該做的。以上所提的一切，代表的是你在蒐集數據時，尤其是從整體上看待問題時，都應該要察覺到自己擁有的種種偏誤和容易犯錯的可能性才對。[5]

　　假如你要申請大學，你可能會花點時間去看一下校園，你從這類經驗中可以蒐集到什麼資訊呢？你的意見是否會受到天氣、面試官的友善程度、導覽吸不吸引人影響呢？當然會啊，畢竟你也不過是人嘛！你的單一經驗很有可能至少會受到好幾種方式誤導，但是數千份學生調查、提供的課程、就業資料所累積出來的數據，能更準確描繪出該機構的圖像。

　　在這裡補充一點，請記得只能參考來自無利害關係方的資訊，業務員就不太可能會給你公正的資訊，更別說福斯新聞台或陰謀論網站了！更多相關討論，可參見第 8 章。

縮小選擇

　　在生活中擁有各種選擇很棒沒錯，但是從決策的角度來看，「更多」未必總是代表更好。研究顯示，比起只有 1 個選擇，擁有幾個選擇會讓你變得更快樂，因為這樣能更符合你的偏好，並幫助你接近最佳結果。然而，當選擇過多時，你決策時就會想太多。你會花非常多時間比較各式各樣的選擇，並下意識地賦予這個決定過高的重要性。你也更容易被這一大堆資訊拖住，最終導致拖延。最後，由於你的選擇很可能在特定層面上不如其他選項，於是你之後也更可能會後悔，這就是所謂的「選擇悖論」。

　　「凡事剛好就好」這句諺語也能應用在決策上。此處的規則，便是把自己限縮到剩下 4 個選項，老實說，這個規則其實沒有什麼很好的根據啦，3 個選項似乎太少了，5 個又好像有

點沒效率。話雖如此，如果你真的想要用 3 個或 5 個，也是隨你便，不過不要超過 5 個就是了！

考慮這些選項時，可能會有一些限制（constraints）出現，這是個工程術語，跟「瓶頸」類似，指的是宰制選擇的自然限制。成本便是個常見的限制，大小和地點也是。比如，當你準備晚餐時，你的限制就是當下家裡有的食材；而要是你是在佛蒙特州買車，你應該只考慮四輪傳動的車子就好。很顯然，你所有潛在的選擇都應該要服從所有相關的限制，否則從一開始就根本不可行！

所以，對你將要做出的各式決策跑個統計分析，並依此精雕細琢你的決策方式，你應該不覺得意外。這個過程對本書來說有點太過複雜，但這個想法依然頗值得考慮。例如，在找房子時，你應該花 37％ 的找房時間在實際看房上，但不要立刻簽約，在這之後，你應該馬上租下第一間比前面的房子都還更好的房子[6]，這麼做在統計上會帶來最佳的結果。話雖如此，雖然這是個有趣的理論練習，但在大多數情況下，最好還是保有 4 個選項就好。

甚至還有人試圖消滅選擇，好把心神專注在其他事情上呢，比如，祖克柏就以永遠都穿同一套衣服聞名。

也務必記得，資訊蒐集和決策過程也應該要不斷更新，以改善效率。比起替每個可能的選項都進行精疲力竭的研究，只要替最有可能的選項做點研究就好了，接著，縮小選項的數量，並且仔細鑽研剩下那 4 個。要是這樣的深入研究揭露了選

項的某些面向，使其變得不適合，那就找其他選項代替，然後再重覆這整個過程。

偏誤清單

幾乎每個我們在本書第 1 章中討論到的認知偏誤，以及大多數在先前的章節中討論過的其他概念，都會對決策造成影響。我在此不再覆述，因為你才剛讀過而已，而是要提醒你一下偏誤的概括分類：

- 我們喜歡覺得自己很棒。
- 我們會運用各種故事，而非數據，來詮釋世界。
- 我們會根據直覺做出判斷，並且頑強堅持。

為了避免這類偏誤破壞我們的決策能力，我們必須積極修正才行，比如：

- 要是我們因為想要覺得自己很棒，並且不願冒失敗的風險，就選擇了比較容易的職涯發展路徑，那從長遠看來，我們通常會後悔這個決定，因為這樣我們就不會逼自己努力發揮出完整的潛能了。
- 如果我們抄捷徑，以把一個複雜的決策變得更容易，就有可能會錯過重要的資訊，並因而做出差勁的決定。
- 無論何時，只要我們有辦法估計出不同結果發生的機

率，就應該要這麼做。我們不該過度重視這些機率沒錯，但也不該完全忽略。

- 要是發現自己做出了理智斷線的決定，就該收回這類偏誤，然後重新開始，並使用我們的「慢想」腦，做出更合理的決策。

就像我們的期望，這類偏誤也牢牢卡在我們的腦海中，必須積極處理才能消滅。以下的清單便能協助你避免落入這類偏誤的虎口，同時也融入了先前討論過的一些其他概念。

- 我做出的決定是否：

  讓我覺得自己很棒？

  是根據故事，而非數據？

  是源自直覺反應，而非理性的過程？

  ——如果是這樣，我就該重新評估這個決定。

- 我能夠藉助思考以下概念，改善這個決定嗎：

  比較利益？

  共同利益？

  複利？

  網路效應？

  瓶頸？

  ——如果可以，就該納入這些概念並重新調整決定。

- 我有記得考慮以下事項嗎：

  決策的風險和獎勵？

  額外和安全邊際？

  所有可能的結果及其期望值？

  平均回歸？

  第二階段影響？

  邊際效益遞減？

  己所不欲，勿施於人？

  ──假如不記得，我就該把這些概念應用到決策過程中。

- 我有記得要忽略以下事項嗎：

  沉沒成本？

  糟糕的誘因？

  道德風險？

  偽相關？

  ──如果不記得，那我就很可能會得到錯誤的結論。

　　我想在此強調「己所不欲，勿施於人」，即決策會如何影響他人，以及「第二階段影響」的概念，因為這兩者都格外容易受到忽視。接受一個薪水更多的新工作，乍看之下似乎是個直截了當的決定，但請記得要透徹思考過各種後果，你現在的同事和老闆們會怎麼看待這個舉動？去新公司工作，是會提升你的名聲，還是敗壞呢？這個改變將怎麼影響你的子女或人生

伴侶，他們又會因此如何改變自身的行為？更高的薪水會伴隨著更長的工時嗎，做出改變的情感和財務成本又是什麼？你做出的種種決定時常會影響到你身邊的人，而上述這些概念將能協助提醒你這件事情。

明確的期望

如同我們在本書稍早所見，「期望」在快樂上扮演要角。無論你是否明確承認，你在生活中的許多層面上肯定都抱有期望，而這些期望要不是來自你自身，就是源自他人的影響，包括家人、朋友、老師、同事等。表現超出這些期望將暫時為你帶來快樂，沒有達成也會暫時帶給你痛苦，像是假如你期待得到 10,000 美元，那麼只拿到 5,000 元的獎金，你就會頗為失望，不過要是你根本不覺得自己會拿到獎金，那這就是個驚喜了。

然而，期望也並非固定不變或根深柢固的。假如你選擇申請醫學院僅僅是因為這是家人對你的「期望」，你可能會感到痛苦。但如果你辨認出這樣的期望，並刻意決定拒絕它並重設，那麼你就可以做出不同的決定。不過，要做到這點，你就必須把這些期望具體化，並將其變得「明確」，因為我們時常對自己抱持著我們沒有有意識地理解或欣賞的期望。

通常，這個發現的過程會是以顛倒的方式進行，這又是**反轉**的概念在作用了。換句話說，你在考慮未來的你可能會後悔哪些結果時，也許會發現自己因為某些決定感到失望，但一開始

卻並不知道為什麼。不過，進一步思考過後，你便發覺該決定所導致的結果，會讓你無法達成某些你抱有的期望。

比如，假設你在考慮申請研究所，成為一名老師。這個職涯似乎「符合所有條件」，在知識上頗有挑戰性、對社會有貢獻、還讓你能和孩子們一起合作，但你仍覺得自己好像會後悔，並且對這個前景不怎麼興奮。隨著你越發深入思考並想像未來身為老師的自己，你發覺你其實一直期望能更有錢，因為你父母時常暗示說，要是有個孩子能在他們變老之後提供經濟上的支持，那肯定會很棒。你接著便得決定，是否要接受這個期望，思考其他職涯發展，或者在繼續當老師的同時，找到其他方式賺更多錢，還是說要拒絕這個期望，追求當老師這個職涯。這兩個決策都頗為合理，重點在於要明確認清究竟是哪些期望在作用。

為自己設立期望，並讓期望符合你的需求，對於人類的生存來說是正常又有用的一部分。然而，在不理解有哪些期望在作用的情況下便貿然做出決策，就是漏掉了一大塊資訊，就像還不知道價錢就在考慮買新車一樣。換句話說，決策過程的這個部分，將迫使你對自己誠實，面對你究竟想要什麼，又為什麼想要。

後悔最小化

到了這個時候，我們必須自問，我們是怎麼定義「好」決定的。你可能會認為，「好」決定就是會造成你想要結果的決定，但這是錯的，事實上，我們不能單憑決定的結果去判斷好壞，因為如同先前所見，做出**導致好結果的壞決定**，其實也非常有可能，反之亦然。這便是機率世界的本質，我們可以對特定結果擁有 95％的確信，並依然不斷體會到那 5％的脫稿演出。

前職業撲克牌手，現為心理勵志顧問的安妮・杜克（Annie Duke），便針對決策這個主題寫了本非常棒的書[7]，她在書中表示：

> 我在好幾百個人身上試過這個小活動，而結果總是都一樣。我問他們做過的最佳決策是什麼時，他們總是回答我最佳結果，而當我問最糟決策時，他們也總是告訴我最糟後果。

此處出了兩個問題。一是比起回想抽象的決策過程，回想具體的結果比較容易，因此會比較容易記得帶來好結果的壞決定，而這會對未來的決策過程造成危害。另一個更大的原因，則是結果**無法**完全控制，所以，我們用來判斷決策好壞的基礎，應該是要仰賴決策過程本身的完整性才對。我發現，最有辦法確保達成這件事的方法，就是藉助**後悔最小化**的概念。

　　後悔是個強大的人類情緒，不管是出現所謂的錯失恐懼症，擔心你決定翹掉的派對其實會是個很棒的派對，或是在你決定不買之後，價格漲了 2 倍的某支股票，我們身邊無時無刻都是這樣的例子，而且這真的鳥爆了，對吧？所以說，有辦法的話，就盡量試著減少後悔，從直覺上來說，似乎是件很棒的事，應該要這麼做才對，可是這又為什麼能讓我們做出更棒的決策呢？

　　原因就是：我們做的所有決策，都會導致某種結果，而再次強調，結果是我們無法完全控制的。這個結果可能有好有壞，而就算是我們原先認為的好結果，最後也可能會變糟，反之亦然，就像你可能以為獸醫系根本超適合你，最後卻痛恨死那所有不斷唉唉叫的毛茸茸小貓了。反正，就是沒有辦法百分之百事先得知會發生哪種結果，也沒辦法知道這些結果真正發生時，你到底會不會想要。

　　但要是我們可以百分之百合理確定，我們已經**用盡全力**去避免對我們來說的糟糕結果了呢？也就是再次運用了**反轉**概念？可以想想看你是否曾辛勤練習，豁出全力，卻依然敗給技術更好的對手，但你還是感到雖敗猶榮。同理，要是你很確信自己做出的決定，是基於當時所掌握的資訊所做出最棒的，那麼你將很難對這個決定後悔。畢竟，你已經很努力，並且拚盡全力了！而且，在一輩子的時間中做出了數百個類似的決定之後，機率就會站在你這一邊，你精雕細琢的決策過程，將會通往非常棒的結果。

事實上，你是在和未來的自己進行一場對話，類似這樣：

未來的自己：「你當時為什麼決定接受這個工作呢？」

現在的自己：「根據我當時擁有的一切資訊，我認為這是最不可能讓我後悔的選擇。」

未來的自己：「但結果這個工作其實很糟糕耶。」

現在的自己：「我知道啊，這實在很可惜。但我當時根本就不可能知道會這樣子，我做了周全且合理的決定，對決策過程也沒有地方要再更動了。有時候，人生就是會不如我們預期嘛，這很複雜，而且多多少少也有些隨機，所以我們就是無法預測得這麼精準啊。」

未來的自己：「現在的自己啊，你的論述還蠻有說服力的，我想到頭來我對這個決策也沒啥意見了吧。不過說真的，我們得去找個新工作才行！」

這基本上就是貝佐斯在決定要創立亞馬遜之前，和他自己的對話，而他也是後悔最小化架構知名的倡導者，感覺結果對他而言，似乎還蠻棒的嘛……

藉由採用這個架構，我們便是在無形中承認了人生的結果充滿機率。我們無法完全掌控自身的命運，機率永遠都會來攪局，不過當然靠著努力，我們可以最大化前者，並最小化後者。期望值將能把這樣的機率，和對各結果的滿意程度結合，而大樣本法則，也確保了隨著時間經過，我們接受這樣

的隨機性後，也肯定能獲得補償。唯有理解運氣所扮演的角色，我們才能做出後悔最小化的決策。

擁抱你的直覺

有鑑於本書大部分內容都圍繞在運用有意識的心智架構，來反制非理性且時而情緒性的偏誤上，最後一個步驟可能會，也應該會頗為令人意外。但務必記得，我們的大腦是演化成能夠吸收大量資訊，接著並做出提高我們生存機率的決定，你擁有的那股「直覺」，事實上是個簡單的方式，讓你的大腦能夠大致溝通交流蒐集到的所有資訊。因此，忽略你的直覺，可說便是忽略了非常重要的一部分數據。

不過我還是要在此澄清，唯有在你已經蒐集了大量的資訊，可以準確「餵養」你的直覺演算法時，這個步驟才行得通。我並**不是**在說，你應該運用你的直覺代替上述討論的其他所有步驟。只是有時候，外部的數據可能會產生誤導，因而所謂的「理性」決策，也永遠都有機率會是根據有缺陷的資訊得出的，所以應該要把你的直覺視為是最後的「內部檢查」。

比如，你可能蒐集了一大堆數據，支持你接受某公司的工作，可是你和執行長見面時，卻覺得他非常不值得信任，那你八成不應該去那工作，即便數據告訴你的是相反的。你的資訊有可能是錯的，那裡的工作環境可能很有毒，而你也有可能身陷糟糕的處境之中，你肯定有很高機率會後悔的。

或是你可能研究了《消費者報告》（*Consumer Reports*）

雜誌，並決定買一台新的智慧汽車。所有數據乍看之下都很棒，而且車子在都市環境中也很可能非常實用。但你的直覺告訴你，你會討厭買了車，因為你之後總是非常緊張，擔心會有台卡車把你像鬆餅一樣壓扁。那就別買那台車，因為你很可能會後悔！

這個道理在決定要不要跟某個人約會時也適用，他們可能「在帳面上看起來很棒」，聰明、長得好看、體格也好，但要是他們身上有什麼東西讓你感到緊張，那就離遠一點吧，你的直覺很瞭！

練習：買車

我們接著來實際應用一下**誠摯法則**。

很顯然，買車是個大決定，因為會造成重大的財務影響，且也需要巨大的摩擦成本，否則很難逆轉決定。所以，這並不屬於可以「尚屬滿意」就好的決策，需要更用心去分析才行，因此，我們應該繼續往下來到決策過程的資訊蒐集階段。

外頭充斥百百種和車子有關的資訊，所以這個過程也會不斷改進更新。先依照你對於自己需求的初步認知，挑選出四種車款：車子的大小、傳動系統（電動車、油車或油電混合）、買車或貸款的成本、性能以及每年的養車費用。

然後針對你挑選出的每個車款，再去仔細研究以下層面：

安全功能。

可靠性及預期的維護成本。

四輪傳動系統及里程數等特色。

edmunds.com、kbb.com、consumerreports.org 這些都是不錯的網站，可以去上面搜尋公道的評論，研究一下這些評論，並考慮每個車款的安全性及可靠性評分。現在決定你挑出的那 4 種車款，是否依然是合理的選擇，還是說其中一個或好幾個，根據上述的資訊應該要排除掉，如果是這樣，那就用替代方案取代這些車款，然後重覆以上過程。

話雖如此，你一旦挑選出車款後，決策其實會變得更加複雜，因為你現在得去比較新車和不同年份的二手車了，且每台車也都是由不同的經銷商銷售。比如說，你考慮的車款可能有 Honda 的 CRV、Toyota 的 RAV-4、福特的 Escape，這是 3 種不同的車，但你實際上還真的必須去好好比較一下每台車，包括不同的配備齊全程度及選配、不同的出廠年份、不同的里程數，而這可能代表數百種不同的組合，這使得要決定實在是太困難啦！

所以，我們要來縮小一下選項。成本就是最簡單的變數，可以設下限制，假設你購車的最高預算是 30,000 美元好了，這還沒扣稅跟各種費用哦，這代表你得挑一台標價 26,000 元以下的車。你可以在線上的賣車搜尋引擎中，把這個數目當成極限，接著輸入你挑選出的車款，然後根據你的搜尋結果，決定哪些出廠年份是你可以接受的，某些年份的可靠性會比其他年

還高，而車輛的設計也可能每年都不一樣。現在，確定一下你選的車符合你要求的安全功能，如果可以的話，盡量只考慮里程數 64,000 公里以下的車子，因為這類車子最不可能馬上出現嚴重的可靠性問題。

做完這所有功課之後，是時候每個車款至少都去試駕一次。你可能會發現，某些車子不太好開，或者你從後方的車窗看不太清楚，把這些數據納入你的考量，可以的話就再把清單的範圍縮小。

現在來查看一下你的清單吧。在這個情況下，最主要的風險是買到一台對你的預算來說，太過昂貴的車，也就是在財務上缺少**安全邊際**、買了台花俏卻不實用的車，即落入了用**故事**決定的偏誤、身處資訊不對稱錯誤的那邊，即**逆選擇**。務必確保你已經處理好這些認知偏誤了，並運用保證書或保固等工具，來避免買到檸檬車。

到了這個時刻，你也應該要把你的**期望變得明確**，方法便是和你的家人討論預算究竟是多少，以及是否有某些車款超出了限制。請坦誠面對自己，思考你在駕駛哪種車款時感到最舒服——多功能休旅車是否完全不在考慮範圍內？你真的需要那台重達 2 噸的抬升型小卡車嗎？

一如既往，你也應該要確保**後悔最小化**。試著想像自己幾年後駕駛這輛車的場景。也許出現了某些問題：車子一直拋錨、不符合你的需求（可能是內部空間不夠大），或者油錢比你預期的還要多。這些問題你能事先預測到嗎？如果不行，那

就沒理由去後悔這次購買。恭喜你，這似乎是個很棒的選擇！

現在你便準備好**擁抱情緒**了。你真正最興奮想開哪些車呢？哪個顏色呼喚著你？哪台車又擁有最酷的娛樂系統？運用你的直覺，挑出兩台衝到清單最上頭的車子，比如說，A 經銷商的 2018 年出廠綠色 RAV-4 跟 B 經銷商的藍色 CRV 好了，然後去試駕這兩台車，並選擇你最喜歡的那台。要是你是直接和另一名車主買車，那就把車開去給技師看看，確保車子狀態良好，如果是跟經銷商買呢，這個步驟就不是必要的了。現在你終於搞定啦，恭喜！

以上範例顯示了決策的架構必須要擁有彈性，因為世界上存在各式各樣不同的決策。如前所述，你完全可以隨意去製作自己的模板，就從我提供的去增減，最重要的並不是你究竟使用哪種模板，而是一開始擁有模板這回事。一旦你擁有了架構之後，也請記得應用回饋循環，不斷改善其效率，就跟其他事情一樣，「練習會造就容易」[8]，而你越常使用某個架構去決策，決策過程也會變得越發自然而然。

而決策過程中的**刻意暫停**，也應該要同時發生在開始及結束時。**第一次刻意暫停**是在你決定忽視你理智斷線的判斷，並進入這整套完整的決策過程時；**第二次刻意暫停**則是在你進行最後的評估時，要坦誠面對你後悔這個決定的機率，以及你做了決定之後會得到的愉悅程度。每次**刻意暫停**的目的都不同，而**刻意暫停**兩次，比一次還棒！

注釋

1. 參見麥爾坎・葛拉威爾《解密陌生人》一書。

2. Iris Bohnet, "How to Take the Bias Out of Interviews," *Harvard Business Review*, April 18, 2016, https://hbr.org/2016/04/how-to-take-the-bias-out-of-interviews.

3. Anthony Tommasini, "To Make Orchestras More Diverse, End Blind Auditions," *New York Times*, July 16, 2020, https://www.nytimes.com/2020/07/16/arts/music/blind-auditions-orchestras-race.html.

4. Michael Schwantes，"The Job Interview Will Soon Be Dead"，Inc., Apr. 8, 2023, https://www.inc.com/marcel-schwantes/science-81-percent-of-people-lie-in-job-interviews-heres-what-top-companies-are-.html.

5. 勿將容易犯錯的可能性（fallibility）和法拉貝拉迷你馬性（falabellability）搞混，這個詞指的是這些馬擁有的天賦，可參見 https://petkeen.com/falabella-horse/，牠們是不是很可愛啊？

6. 這個方法和其他演算法，可參見布萊恩・克里斯汀（Brian Christian）及湯姆・葛瑞菲斯（Tom Griffiths）合著的《決斷的演算》（*Algorithms to Live By*）一書，他們也提出了合理的建議，認為應該按照完成任務所需預期時間的每單位重要性，來安排各種任務的優先次序。

7. 參見安妮・杜克《高勝算決策2》（*How to Decide*）一書，本書非常值得一讀。

8. 就像大家以前在幼稚園時常說的。

第 **7** 章

學習

學習

即便你在學校裡花了幾十年積極聽課、讀書、觀察、做事、寫作、解習題，你還是極有可能從未想過教材如此呈現的方式，以及背後的原因。而且，除非你念的是一所資源豐富的學校，你的老師八成也不會調整他們的教學方法，以因應教室裡每名學生不同的學習風格，因此，你大概也沒有花時間思索過哪些教學方法最能帶來共鳴或能以最有效率的方式傳授知識，更別說自行實驗來比較不同的學習策略了。

對大多數人來說，發掘自己的最佳學習方式是個自學的試錯過程，許多人也會嘗試做筆記、劃重點、製作小卡，並選擇其中一項最適合他們的方式。[1] 在我的求學過程中，我發覺對於歷史，反覆閱讀教材是最容易記住相關內容的方式，第一次先瀏覽過去，然後再細讀，而在數學上，幫助我最多的方法則是做習題。

在理想情況下，學習策略應該要按照學習者以及教材調整，這個看法應該不會有什麼爭議才對。我在此將要討論的各種方法和心態，應該能協助改善大家的學習過程，雖然某些方法會更有效一點，而就像本書介紹的其他架構，第一步都是最重要的：**刻意暫停，再思考！**在學習某件事物之前，先**刻意暫停**，思考一下最好的學習方式是什麼，而在學習的期間，也**刻意暫停**，考量使用的方法是否確實有用，或者你應該改採新方法。

首先，我們先簡要說明目前對於大腦運作方式的理解：

1. 大腦非常擅於根據視覺刺激迅速做出決策，比如從猛撲而來的獅爪下逃離。

2. 但遇上複雜的情況，大腦在迅速決策上就會表現得很糟糕，且會運用心智捷徑，也就是所謂的捷思法，來處理這個弱點。

3. 大腦有獨立的不同區域專責產生短期記憶及長期記憶。

4. 大腦持續都在「清理」，以清除累積在腦中的巨量無意義資訊，目前認為，這個過程大部分發生在你睡著時。

了解以上幾點之後，我們稍微再拉遠一點，思考一下當我們想要吸收、譯解、記住資訊時的幾個不同情境：

1. 讀一本書並記住特定的資訊，包括名字、日期、詞彙等。

2. 讀一本書或聽某個老師講課，以學習抽象的概念。

3. 聽見並記住名字、地點、物品清單、或其他互不相關的資訊。

4. 記住某首歌或某齣戲劇裡的音樂或歌詞台詞。

5. 想起數學或科學公式，以及公式適用的情境。

6. 記住並應用不同的方式，去解決架構鬆散的問題。

7. 學習實質的技術、過程、動作，包括體育運動用途及其他用途。

你在思考上述任務時，希望你有發覺這些任務有多麼歧異，

以及又跟對我們祖先來說相當重要，且我們的大腦也是為此演化的那類學習，有多麼不同。絕大多數時候，我們不會記得要去哪個樹叢裡面，才能找到某種可以食用的特定漿果、某洞穴的位置、某掠食者的構造弱點、或哪種木頭最適合用來生火。現代世界對我們大腦的種種需求，可說比這還要複雜上非常多。

在你開始學習某件新事物之前，詢問及回答以下的問題十分重要：

- 我究竟是試圖要學些**什麼**？
- **誰**能幫助我用最有效率的方式學習？
- 學會這件事**為何**重要？
- 我**何時**才能安排出足夠的時間，去學習並記住這項資訊？
- 我該在**哪裡**投注可信的承諾，以促進學習過程？
- 我該**如何**才能用最有效率的方式學習？

我在此同樣也用上了記憶小撇步，以協助你記得這些步驟，這招你可能以前就見識過了：誰、什麼、哪裡、何時、為何、如何。這裡完全不需要原創性！假如你有時間可以寫下上述每個問題的答案，那對於制定你的學習過程就會很有用，且也可以協助評估隨著時間經過的效率如何。

過幾天後，從批判的角度重新思考整個學習過程也很重要，

目的是要確認你是否使用了有效率的方式，去理解、吸收和記住資訊。想像你是個經理，大腦則是你的員工，而你定期進行績效評估，並在成果不甚滿意時提供回饋及意見。這便是「雙循環」學習（double-loop learning）的例子，我們在下面會討論，用這種方式去思考學習，跟大多數人的做法大相逕庭。我敢打賭你花了這麼多時間在學習上，卻幾乎沒花任何時間去評估及思考，該怎麼把用在學習上的時間變得更有效率。即便根據新的資訊去調整學習方式乍聽之下頗為直覺，實際上卻很少人真正做到。

我接著要來介紹幾種不同的學習方式，並提供情境範例，介紹各個方式在哪些情況下最為有用。然而，如同先前的建議，在這件事上你得自己決定，因為在學習上，每個人確實都各有優劣，比如假如你記憶力很好，那你就應該繼續使用你的方式，而非試圖將以下討論的「記憶宮殿」技巧淬鍊至完美。以我自己的例子來說，我的記憶力在年輕時的確很好，但隨著年齡增長，我發現自己越發依賴主動的記憶技巧。

以下便是幾種技巧及心態：

1. **刻意練習**：最好是密集練習小部分小部分的學習素材，這樣才能完全精熟，而非花很短的時間在許多不同的領域上。

2. **集中式思考 VS 發散式思考**：為了盡快學會特定的專精知識或技能，專注在這個任務上，排除其他一切，可說

219

非常重要。然而，要是學習的事物是更為概念性的或是跨科際的，讓你的大腦四處悠遊，並時常休息來促進這一點，將能促進潛意識的腦產生連結，這是主動心態無法達成的。

3. **主動記憶**：你應該把要記住的學習素材，轉換成你的大腦可以用更有效率的方式來處理消化的形式。所謂的記憶法，也就是使用聽覺或視覺符號，來代表書面知識的過程，還有「記憶宮殿」，都屬於這類例子。

4. **清單**：我們先前就介紹過這招了！因為我們總自我感覺良好，最好還是記住自己的極限何在比較好。在進行某個涉及多項獨立任務的活動時，擁有清單非常重要，這樣才不會遺漏掉任何任務。

5. **效率閱讀及筆記**：把一本書從封面讀到封底，並用列點方式摘要，這是學生最常見的做法，但其實非常沒效率，且通常是求學過程中最浪費時間的一件事。[2]

6. **雙循環學習**：這個學習方式，會運用結果的回饋來改變決策過程。我剛已經提過這應該是你所有學習的萬用方式，不過也可以運用在特定的獨立任務上。

7. **問題解決**：假如你去 google「問題解決方法」，會找到各種吹噓著 2 步驟、3 步驟、4 步驟、5 步驟、6 步驟、7 步驟、8 步驟、或 10 步驟問題解決方式的網站。[3] 而我會介紹一個效率十足又有彈性的方式，涵蓋了其中的許多步驟。

8. **成長型心態**：這比較不算是學習方法，更像是學習的哲學。擁有「成長型心態」代表假設智力並非固定不變的，而是可以透過努力去改善。[4] 這同時也涉及到抱持開放的心胸去尋找及使用教練，他們可以協助你擴展心態和成長的潛能。

9. **失敗的價值**：許多人都把失敗視為，嗯，就只是失敗。然而，慶祝失敗並擁抱讓你能夠「快速失敗」的學習及工作方法，也已越發普遍。從失敗中學到的教訓，所帶來的補償，其實時常遠超失敗本身造成的痛苦。

10. **避免壞習慣**：這又是再次運用**反轉**的概念，你應該思考一下哪些行為會主動傷害到你的學習過程。應該要最小化分心及拖延，且會降低產能的習慣，也應由正向的習慣取代。

現在我們就來詳細探討上述概念吧。

刻意練習

李小龍曾說過：「我不怕練過 10,000 種飛踢的人，卻害怕把一種飛踢練了 10,000 次的人。」刻意練習這個過程，指的是專注在手邊任務極精細的層面，並在所有層面上都達成精熟，然後才接著去做下個任務。所以，比起練 10 個小時的乒乓球，並且打回數百種不同的球，刻意練習會提倡花 1 個小時專門打回 1 種球就好了。比如說，深遠的上旋反手拍。人腦將

學會這些重覆的行為，並使其變成自動反應，我們可以姑且將這稱為「肌肉記憶」，而這樣的自動化，正是達成更高水準表現的基石。

有一部紀錄片叫作《壽司之神》（*Jiro Dreams of Sushi*），裡面提到壽司師傅的學徒被迫要先煎十年的玉子燒，技術才算是夠格，你沒聽錯，煎十年的玉子燒，再說你有多犧牲奉獻啊！麥爾坎・葛拉威爾的另一本著作《異數》（*Outliers*），也推廣所謂的「10,000 小時法則」，他是試圖量化要精熟某件事所需的刻意練習時數。而對於刻意練習來說，教練和透過評量得到的回饋，也可能扮演要角，因為要是缺少了這樣的協助，通常會很難得知哪邊需要修正。

此處主要的教訓，是所有練習的效力並非都相等，而要是練習的目標是要達成真正的精熟，那麼練習的架構就很重要。另一個相關的警告，則是由於大家都喜歡覺得自己很棒，於是會把練習時間專注花在已經了解或表現已經很好的素材上，但這些素材其實並不需要練習那麼久，且他們反而不會花那麼多時間在更難的素材上，可是這其實才是需要花更多時間練習的部分。去除這樣的偏見，並專注在更具挑戰性的素材上，才會帶來真正的益處，以達到有意義的進步。許多**瓶頸**之所以存在，完全都只是因為要解決這些瓶頸，格外困難或討人厭而已！

集中式思考 VS 發散式思考

專心！不對，不行！事實上，這是視你想達成什麼目標而定。我們通常認為專注在特定主題上，會帶來更好的學習成果，美國消耗的聰明藥數目，便在在證明了這點，且對許多任務來說，這個假設也確實是正確的，例如為了某個需要記住特定資訊的考試努力讀書。然而，在許多情況下，讓大腦四處悠遊，或是從特定活動中休息一下，稍後再回來，其實是更好的方式。而視特定情況使用適合的學習方法，可說非常重要，參見圖 7.1。

發散式思考運作的方式，是藉由在大腦的不同區域間建立連結，這類連結是無意間被動形成的，這就是為什麼有些人會建議你在入睡前思考某個困難的問題，然後在醒來後馬上寫下第一批出現的想法。[5] 過度專心思考某個問題，有可能會減少產能，因為你的大腦會「卡」在特定方式或觀點上。比如說在填字謎時，我就很常會思考某個提示整整 5 分鐘都想不出來，但

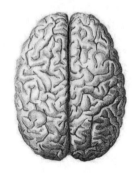

發散式思考

➢ 下意識／潛意識
➢ 大腦會四處悠遊
➢ 思考廣且淺
➢ 無特定目標
➢ 策略性
➢ 建立連結

集中式思考

➢ 刻意
➢ 專注
➢ 思考精確且深刻
➢ 針對特定目標
➢ 戰略性
➢ 刻意練習

圖 7.1：集中式思考 VS 發散式思考

若先把字謎放在一旁好幾個小時後,再回來解,這時問題就幾乎迎刃而解了,屢試不爽。[6]

稍微思考一下這件事吧。你花了受挫無比的整整 5 分鐘試圖解出「運動比賽時發射的東西」這個提示,接著放下填字遊戲,深信這個線索實在太難了,根本就解不出來。幾小時後,你又拿起字謎,卻連想都沒想就解出來了,你只是看著,然後答案「起跑槍」馬上就跳進你的腦海,這是因為你的大腦依然在背景處理這項資訊,所以當你需要的時候,資訊就已經準備好了,聽起來很瘋狂,對吧?但這是一種好的瘋狂!而且這也當然不只會發生在填字遊戲上,至少就有一本書在講如何在各式各樣的情境中,駕馭你潛意識心智的力量,其中還充滿了引述自各個諾貝爾獎得主的引言,他們都讚揚了這個方式為他們在知識上的發現帶來了貢獻。[7]

相對來說,集中式思考如果發揮到最佳狀態,也能讓你進入「心流」的狀態。這是個多多少少類似冥想的狀態,你會完全專注在某個活動或思考中,絲毫不會分心,並讓你能夠達成在其他狀態下無法獲得的精熟或理解程度。而就算沒有啟動這種程度的專心,認真的專注也能用於強化鞏固獨立的知識,且如同許多學習專家所討論的,這樣密集的專心也能造就極度快速的技能習得。[8]

許多廣泛的學習領域都需要同時運用這兩種思考,視學習的任務屬於什麼部分而定,表 7.1 即提供了一些例子,在這些情況下,你可能會兩個方法都想用上,視學習主題而定。

表 7.1 集中式及發散式思考各自適合的主題

集中式	發散式
數學乘法	數學證明
SAT 的文意選擇題	SAT 的文意申論部分
算讀	填字遊戲
足球的 12 碼罰球	足球盤球
西班牙文文法	西班牙文對話

在開始學習任何事物之前，先**刻意暫停**，思考一下哪些層面適合集中式還是發散式的學習方法，並依此量身打造你的學習風格吧。

主動記憶

根據認知科學家的最深入了解，記憶形成的架構如下：

- 感知到某刺激，包括視覺、聽覺、觸覺等。
- 該經驗會移動到短期記憶中，只會持續約 20 秒，除非刻意記得。
- 要是記住了，就會移動到長期記憶中。

將資訊保留在長期記憶區中，便是「記憶」最普遍的定義，那麼，我們該怎麼樣用更有效率的方式進行這件事呢？我們必須要積極指示大腦，哪些資訊是我們想要保留的，並讓大腦可以更輕鬆處理消化。這是由於大腦只會留下極少比例獲得的刺

激，所以其預設動作，其實是抹去所有沒有特別要求要保留的資訊。

　　改善記憶力的最主要技巧，是依賴人腦記住視覺資訊的極佳能力，尤其是那些和以往見過的景象明顯不同的資訊，這直接和我們在演化上的需求相關，因為得要記住豐饒的獵場或各式可食用的食物。此外，我們的大腦也並不特別擅長記住數值或文字資訊，所以我們必須要將其和故事、影像、或其他記憶法連結，以運用有效率的方式記住這些資訊，因而把文字資訊翻譯為視覺或聽覺形式後，記憶就會更容易形成。

　　有各種方法可以達成這個目標：

1. 記憶法會將資訊的清單，轉換成連貫的句子。所以說，地圖的方向會變成「從不吃麥片（Never Eat Shredded Wheat）」，即北東南西，高音譜記號所在行數的音高則是「每個好男孩都值得牛奶糖（Every Good Boy Deserves Fudge）」。另外也有所謂的音樂記憶法，像是《ABC之歌》，以及押韻記憶法，比如《九月有三十天》（30 Days Hath September）。

2. 小卡或 Quizlet 這類應用程式，則是可以把某件事實圖像化。透過將特定資訊獨立出來、積極去背誦記憶、唸出來、看見文字寫下來，你就能一次結合許多學習的層面，且在最理想的狀況中，卡片本身也會擁有實際的圖案。接著藉由定期不斷複習，你就是在鼓勵你的大腦，

將這些資訊從暫存區移到長期記憶區。

3. 建立心理圖像或影像。如果你試著要記住美國的前五任總統，那你可以想像自己正在「麥迪遜（Madison）」大道上，狂灌猛灌「Jif」牌的花生醬，花生醬「沖刷（Washing）」下你的「喉結（Adam's apple）」，同時你還戴著「單片眼鏡（Monocle）」，也就是華盛頓、亞當斯、傑佛遜、麥迪遜、門羅。很蠢沒錯，但這樣的愚蠢，有一部分也促成這幅景象留存在你腦中，因為大腦會記住格外驚喜且出乎意料的數據。這同時也是種創造故事的過程，還記得人腦很愛**故事**的對吧！

4. 「心智圖」也能將各階層的資訊，轉換成以顏色區分的視覺圖像[9]，而各式軟體也使創造這些圖像變得非常輕易。

5. 「記憶宮殿」，如下所述。

記憶宮殿或可說是整併心理圖像最強大的方法，這項技巧已由那些慎重看待記憶的人使用了數千年，涉及到運用某個熟悉的實體空間，去記憶一長串的字詞、物體、數字。

這項技巧的第一步，便是想像一個你十分熟悉，且能輕易在腦中描繪出來的環境，一般來說，這會是你的臥室或你家裡另一個更大的區域。接著，挑選空間內的幾個焦點，就從入口開始，然後沿著順時針方向前進，所以說，門口可能會是第一點、牆上的某幅畫是第二點、角落的書架是第三點、書桌是第四點，以此類推。而你就是要把稍早討論過的心理圖像，放置

在這些焦點中，這是不協調的影像，會因為強烈的反差而留存在你的記憶之中。

比如說，假設你想記住世界上人口最多的 10 個國家好了，你就可以把代表印度的螢光粉色泰姬瑪哈陵模型放在第一點，也就是門口，而在第二點的畫框中，你則可以放一個占滿整個空間的巨大餃子，代表中國，以此類推。接著想像你自己走過空間，飽覽這所有怪異的物品，如果可以的話，也把這些東西都擬人化，像是可以讓這些東西對你大喊些什麼惡劣或好笑的話，因為這也能協助讓這幅景象更有記憶點。

你也可以運用這項技巧，來記住一長串的數字，像是可以把不同的子音和 1 到 10 的數字連結，還有其他各式各樣的方法，可以記憶不同種類的清單。要是你對這個方法有什麼疑慮，也請知道，記憶力冠軍都很愛用這項技巧，他們可以展現出不可思議的驚人記憶力，例如覆誦出圓周率的前 7 萬位數。因此，這個技巧實在很值得正視，且也有潛力成為你學習技能包的一部分。

清單

顧名思義，清單就是一張表，上面寫著各式任務或考量，你會去查看，以確保不會不小心忽略其中一項，這就跟你想像的一樣簡單又無聊，但卻強大到驚人。

記住一長串的任務或物品有可能頗為困難，因為人類的心智並不是為了這類思考設計的，當然啦，你可以蓋一座記憶宮殿

來記住這項資訊，但大多數人不會選擇這麼做，直到他們讀了這本書，那就對啦！因此，大家時常會忘記一長串清單的某些部分，外科醫生會忘記他們手術程序的步驟、投資人忘記評估特定的金融比率、機師忘記執行某些安全檢查，這所有職業，以及許多其他職業，都能從運用清單獲得幫助。

根據某分析，手術清單可以降低 50％的手術死亡率 [10]，而在美國空軍於 1940 年代引進清單之前，飛機也經常因為飛行員的失誤失事墜毀，現在這種情況就很少見了。另外，受尊崇的各領域投資大老，也會運用清單來改善他們的研究過程。[11]

所以，你需要記住一長串事項或動作時，就使用清單或清單應用程式吧，把事情寫下來沒有什麼好可恥的，且藉由運用這項簡易的工具所獲得的好處，可說也絕對值得付出的力氣。

效率閱讀及筆記

這兩者可說是知識習得的基石，而你八成完全用錯方法了！藉由簡單瀏覽過較不相關的段落、從章節的末尾開始閱讀，以先吸收結論、時時中斷閱讀以主動思考內容，將能使閱讀變得更有效率。筆記方式則應視筆記的目的而定，比如說是要用來主動學習、供未來複習、補充報告的投影片、替未來的寫作準備。即便這些技巧極有可能在你完成高中及大學學業期間最為重要，現實是閱讀是一生的志業，而記筆記則是對記住你每天在商業世界中讀到及聽見的資訊，相當重要。

一如既往，世界上存在各式各樣相關主題的書籍及文章，而

我在此只會提供幾項建議而已。務必記得要實驗看看你閱讀及摘要資訊的各種方式，並在沒有用時改變方法。以下便是我認為頗為有用的大致架構，且是立基於幾項經過證明的不同方法：

1. 明確了解你為何要閱讀眼前的內容。你是希望獲得特定的知識嗎？例如要在研究或報告中使用的證據？或者這是屬於開放式鑽研過程的一部分？你在閱讀時，務必要將更廣泛的目的放在心裡。

2. 從概論的章節或段落，或是線上的摘要或書評中，找到書籍或文章的主旨，並寫下來，最好是寫在某個應用程式或線上文件檔中，這樣你就能輕輕鬆鬆修改編輯。

3. 從作者提供的索引、章節介紹、章末摘要中，辨識出支持的論點，也把這些寫下來。

4. 以 1 小時為上限，瀏覽過所有內容，寫下任何你覺得有趣的東西，像是引述、概念、相關閱讀素材，無論是否直接支持主旨皆可。

5. 重看一遍你的筆記，然後擺著好幾天別管。在這段時間內，你的「發散式學習」機制將會消化處理這些資訊。

6. 這段時間結束之後，決定一下內容是否值得再進一步探討，並不是所有書都是好書，且其中許多也不值得你花時間，思考一下**機會成本**吧。上述列出的過程，對大多數的學習目的來說，很有可能便已頗為足夠，所以，

要是你決定讀到這裡就好，那麼就再去複習一下你的筆記，然後去做別的事吧。

7. 要是你想深入探討，因為你很享受內容或是覺得格外有用，就回到前頭，然後開始從封面讀到封底。要帶著目的去閱讀，如同步驟 1 中所定義的，並寫下特別符合該目的的資訊，且每隔幾個小時，就重新檢視繼續讀這本書的需求，並在**邊際效益**降到太低時停止吧。

有關寫筆記，有各種方法可以使用，包括康乃爾筆記法、心智圖、Evernote 這類應用程式等，沒有任何一種明顯優於其他種，且只要筆記本身能符合閱讀目的，那這些筆記是用什麼方式羅列，就只不過是個人偏好的問題而已。可以去看一下本書書末所附的相關資源，你可以在那裡找到一些相關的線上討論及評價。

雙循環學習

雙循環學習這個方法不僅能夠修正錯誤，同時也能改進學習過程中固有的假設。比如假設你正在學怎麼彈鋼琴，單循環學習會告訴你不斷練習特定的指法順序，直到你能把每個音符都彈對，雙循環學習則是會在其中加進一個問題，即該指法對你彈的作品來說是否是最適合的，或者你應該試試看另一種指法才對。

雙循環學習對於機器學習及人工智慧來說，是個相當重要的

層面，這兩者都依賴電腦持續不斷檢視數據尋找模式、假設數據間存在模式、測試隨之造就的模型、接著再從該過程的結論，進一步去改善模型。人工智慧最近很紅，所以何不借其中的主要技巧一用呢？

此處的基本假設，是你的學習方式應該不斷演進，且所有特定的學習過程也應該都要具備彈性。當然，運用你曾經學過的方法和技巧進行有效率的學習相當重要沒錯，且這些方式通常已經使用數十年了，大家也認為是最有效率的。然而，這並不代表這類方式不能再改進，或者某個對大多數人都很有效的方法，對你來說也會同樣有效。事實上，目前的情況越來越常會是發現學生其實擁有不同的最適學習風格，包括聽覺、視覺、觸覺、實體、社交，所以假如資訊能以不同方式呈現，就可以用更有效率的方式去記得。

因此，要是你發現你在使用老師或教科書倡導的某個方法學習時，學習過程不甚滿意，那就換個不同的方法，並看看會不會更有效率，像是去看 YouTube 影片、畫圖、把資訊和音樂連結、甚或是寫首詩。**刻意暫停**一下，考量一下你的學習成果，而要是發現成果不彰，那就雕琢一下學習過程吧，用賈伯斯的話來說，就是不同凡想！[12]

問題解決

到目前為止，我都專注在擁有特定範圍和預先建立過程的學習素材上，但是在面對一個新問題時，你未必總會擁有這樣的

餘裕，反倒是必須以結構沒那麼嚴謹的形式去著手。

　　問題解決有點像是青蛙過河，假如你記得那個經典街機遊戲的話，你可以往前走、往後走、側著走，以開啟新的潛在路徑。解決問題或達成目標，就類似往前走，理解問題的根本，類似往後走，而實驗不同的方式，則像是側著走，每個步驟都涉及腦力激盪的階段，加上分析及演繹推理的階段。

　　假如你確定你有個問題需要試著解決，那就從往後走開始吧，做個根本原因分析，這會涉及列出問題，並質問問題為何存在，且這個過程也會不斷更新演變。在六標準差精實生產法中，世界上許多最有效率的製造公司都使用這個方法，大家至少要問 5 次「為什麼」，而這似乎是個相當合理的經驗法則，可參見圖 7.2。

　　也隨時可以去查看一下你的認知偏誤及概念清單，因為其中某些有可能就是根本原因，**誘因、沉沒成本、瓶頸、活化能、因果**在這裡特別相關。

　　要是問題涉及某個目標，而非原因，那就把「為什麼」改成「如何」，然後如法炮製，也就是**反轉**根本原因分析，參見圖 7.3。

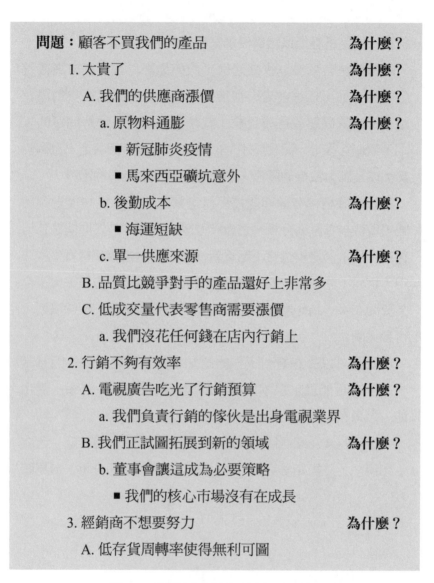

問題：顧客不買我們的產品　　　　**為什麼？**

　1. 太貴了　　　　　　　　　　　　　**為什麼？**

　　A. 我們的供應商漲價　　　　　　　**為什麼？**

　　　a. 原物料通膨　　　　　　　　　**為什麼？**

　　　　■ 新冠肺炎疫情

　　　　■ 馬來西亞礦坑意外

　　　b. 後勤成本　　　　　　　　　　**為什麼？**

　　　　■ 海運短缺

　　　c. 單一供應來源　　　　　　　　**為什麼？**

　　B. 品質比競爭對手的產品還好上非常多

　　C. 低成交量代表零售商需要漲價

　　　a. 我們沒花任何錢在店內行銷上

　2. 行銷不夠有效率　　　　　　　　　**為什麼？**

　　A. 電視廣告吃光了行銷預算　　　　**為什麼？**

　　　a. 我們負責行銷的傢伙是出身電視業界

　　B. 我們正試圖拓展到新的領域　　　**為什麼？**

　　　b. 董事會讓這成為必要策略

　　　　■ 我們的核心市場沒有在成長

　3. 經銷商不想要努力　　　　　　　　**為什麼？**

　　A. 低存貨周轉率使得無利可圖

圖 7.2：消費性商品銷售之根本原因分析

目標：我得存 25,000 美元當買房的頭期款　　　　**如何？**

　1. 賺更多錢　　　　　　　　　　　　　　　　　　　**如何？**

　　A. 找個新工作　　　　　　　　　　　　　　　　　**如何？**

　　B. 要求目前的工作加薪　　　　　　　　　　　　　**如何？**

　　C. 找個兼差　　　　　　　　　　　　　　　　　　**如何？**

　2. 花更少錢　　　　　　　　　　　　　　　　　　　**如何？**

　　A. 不要吃外食　　　　　　　　　　　　　　　　　**如何？**

　　　a. 學煮菜！　　　　　　　　　　　　　　　　　**如何？**

　　B. 搬回去和爸媽住　　　　　　　　　　　　　　　**如何？**

　　　a. 把地下室改裝成臥房

　　C. 取消度假　　　　　　　　　　　　　　　　　　**如何？**

　　D. 付清卡債　　　　　　　　　　　　　　　　　　**如何？**

　3. 變現資產　　　　　　　　　　　　　　　　　　　**如何？**

　　A. 把車賣掉，改搭巴士　　　　　　　　　　　　　**如何？**

　　　a. 找車商來估價

　　　b. 在 Craig's List 網站上刊廣告

　　B. 賣掉棒球卡收藏　　　　　　　　　　　　　　　**如何？**

　　　a. 放上 eBay

　　　b. 拿去收藏品專賣店

圖 7.3：為買房頭期款存錢之反轉根本原因分析

　　完成這部分的分析之後，試著使用 **80/20 法則**辨識出是哪些原因或實現某個目標的步驟，最有可能擁有最大的影響力。共有 3 個主要的方法可以產出這些問題的解決方案，且應該同時使用這些方法。

1. **腦力激盪**：盡量想出多一點潛在解決方案，範圍要廣，也要夠有創意，你應該同時擁抱**集中式**及**發散式**思考，並交替使用。腦力激盪的口號便是「沒有爛主意」，所以盡可能多想吧！

2. **研究**：藉由閱讀書籍及文章，還有和其他人交流，來探索大家是怎麼解決類似問題的，並思考他們的解決方案是否能夠應用。同時擁抱**內部**方法，即調查和訪談，還有**外部**方法，也就是找來各式各樣類似的問題，並進行數據分析，記得使用不同的**觀點**。

3. **分析／演繹**：運用邏輯把問題拆解成較小的步驟，並做出合理的主張，決定該怎麼繼續進行每一步，**演繹推理**和**賽局理論**在這個部分就很好用。

第一個例子的一些潛在主意可能包括：

- 我們能把供應商多樣化嗎？
- 我們應該重新招標後勤合約嗎？
- 我們有辦法重新設計產品，降低成本，卻不會大幅降低

品質嗎？

- 我們可以為經銷商或零售商提供誘因，讓他們努力行銷產品嗎？
- 我們應該直接從自家的網站販賣產品嗎？
- 我們應該找間行銷顧問公司，探索些新媒介嗎？
- 我們能夠判斷新的市場是否可能有利可圖，並在無利可圖時撤出嗎？

第二個例子我們則可以詢問：

- 有朋友可能知道他們的公司有什麼有趣的工作嗎？
- LinkedIn 或其他求職網站上有沒有什麼名單值得仔細研究的呢？
- 要是我學會煮菜，那可以存多少錢？
- 我爸媽會願意讓我搬進去跟他們一起住嗎？
- 除了自己養車之外，還有什麼可行的替代方案嗎？
- 我可以先放幾張棒球卡到 eBay 上，看看賣得怎樣嗎？

現在，視你手邊可以運用的時間和資源，以及你對任何特定方法擁有的信心而定，你就可以運用一個或多個潛在的解決方案來解決問題了。假如可行的話，多線進攻這種「實驗性」的方式通常是更佳的選擇，且企業也無時無刻都在用 A/B 測試做這件事，或如果你對某個分析性或演繹性解決方案很有信

心，那就先試試看。無論採用哪種方式，都要記得定期分析解決方案的效果，必要時進行調整，融入雙循環學習的方式。

成長型心態

抱持成長型心態，代表學習者將自己的學習能力視為無可限量，智慧並不像性向測驗可能認為的那樣是固定不變的，反倒是生生不息，且可供成長擴張的。而這樣樂觀的態度，在學習者衡量他們學習經驗的方式上，也將帶來巨大的差異。

抱持固定型心態的學習者，會將挫敗視為他們缺乏能力的跡象，而抱持成長型形態的學習者，則是會將其當成一個機會，可以改進他們的智慧。這背後的解釋非常簡單，假如你相信你的智慧是固定不變的，而你在某個任務上失敗了，那這次失敗就代表你天生沒能力完成任務，且就算努力也無濟於事，因為這在基因上早就已經預先注定好了。所以，當你遭遇失敗時，你最好的回應就會是不要再嘗試了！[13]

數十年前，這個架構在科學上都還算是合理的，當時大多數的研究都顯示成熟的大腦並不會生成新的神經元，且在特定年齡之後也不會再長出新的神經通道了。然而，近年的研究顯示的卻是徹底相反的結果，大腦可以重新生成細胞，且也能創造出新的神經連結，雖然這並不代表過程很簡單或容易，但依然是有可能的。

成長型心態便體認到了這件事，假如學習者認為他們的能力是無可限量的，就會把失敗視為微小的挫敗，甚至更可能是當

成一次學習及改進的機會。隨後便會出現良性循環，也就是**積極回饋循環**，相信自己的能力可以成長，將會成為更努力嘗試的動機，而這又會提供改進及進步的證據，並更進一步證實了原始的信念。

失敗的價值

和成長型心態緊密相關的是擁抱失敗，並將其當成學習的工具。我甚至會說，在許多情況下，失敗不僅是不可避免的，還應該要努力去追求，因為唯有透過失敗才能學到重要的教訓，以達成真正的進步。然而，因為存在著許多認知偏誤會讓大家自我感覺良好，人們其實很少會賦予失敗應有的正面價值。

我們可以回到愛迪生的例子上，他在超過 1 萬次證明是失敗的嘗試之後，才終於替白熾燈泡找到 1 種可用的燈絲，就在這個偉大發現之前，他才剛表示過「我並沒有失敗，只不過是找到了 1 萬種行不通的方法而已」。創意及工程過程，也時常需要不斷試錯，而把這些試驗當成失敗，也是不適合的，因為這其實提供了資訊，能夠協助我們更接近正確答案。在真空吸塵器以及其他家用電器中，達成革命性突破的英國工程師詹姆斯・戴森（James Dyson），在找到正確的方法之前，總共花了 15 年製作了 5,127 個原型，他八成從每個「失敗」的原型中都學到了一點什麼吧！

在失敗中找到價值的，也不只機械工程師而已。Google 的

員工執行某項新專案失敗時，他們還會辦個派對勒！[14] 失敗是受到慶祝的，因為這能鼓勵員工冒險，要是失敗會受到懲罰的話，他們可能就不願意承受風險了。此外，Google 和許多矽谷公司也都相信「迅速失敗、時常失敗」所帶來的好處，要是你都要失敗了，那還不如快點失敗，並且承認失敗，就是在說妳啦，搞新創詐騙的伊莉莎白·霍姆斯（Elizabeth Holmes），而非遮掩失敗的事實，並在過程中消耗珍貴的時間及資源。換句話說，就像比爾·蓋茲講的：「成功是個爛老師。」

不過在科學研究中就很少慶祝失敗了，畢竟，誰想花好幾年研究某個特定的假設，卻只發現這是錯誤的呢？可是在這樣的失敗中也存在真正的價值，因為能夠替其他科學家未來的研究點亮新的道路，且也替集體的資料庫貢獻了一份心力。可以設想一下以下的思想實驗：假設有 100 萬名學生正在考慮一輩子投身癌症研究好了，而他們藉由**機率和統計**的力量變魔術般提前得知，只有其中一個人能發現奇蹟療法，剩下所有人的努力則會失敗。但當然，根本不可能有辦法事先預測哪條研究路徑能找到癌症的療法，有些人可能會將這稱為事前機率，那這些學生是否應該繼續追求這個職涯呢？

我希望他們依然全都會選擇投身，這是為了全人類好啊！擁抱失敗及高機率失敗的職涯，對於增進人類整體知識這個目標來說是不可或缺的。但是為了達成這點，那些領域裡的人們，都得先體認到失敗其實並沒有真的那麼糟糕，以免他們一

輩子都皺著眉頭臭臉度過。

避免壞習慣

由於以上的諸多方法都需要一些紀律才能實行，所以準備好能夠協助你抵銷天生怠惰傾向的各式技巧，也可說十分重要。**反轉**我們的討論後，我們會發現要改善學習過程，將需要消除阻礙學習過程的事物，而有效學習的主要障礙便是拖延、分心、形成壞習慣。

拖延簡直是學習的頭號公敵！研究顯示，習得和記住資訊最有效的方式，便是拉長時間，並且固定增強加固，即所謂的「間隔重複」，這就是為什麼，早先在討論閱讀及小卡時，會推薦在學習時段間休息一下。相對而言，在前一天晚上挑燈夜戰，對於長期的知識習得來說幾乎也完全沒用，不過這卻是在拖延太久之後唯一可行的方法就是了。所以說，避免拖延，便是有效學習的重要原則，而達成這件事最好的方法似乎會是：

1. **規劃合理的計畫：**請根據針對你時間的其他需求，設立具備彈性的行程表，務必確保行程表貫徹始終，但不要無法負荷，並且使用較短的時段，同時在時段之間安插休息時間，這就是所謂的番茄鐘工作法。在休息時間，可以允許自己從事你通常會用來拖延的各式活動，像是滑社群網站、傳訊息、打電動等等，不過記得要適量。

2. **提供自己合適的誘因：**為了把最終目標維持在視野中及

腦海中，請提醒自己你為何要學習眼前的內容。在擁有正面的**誘因**，比如「要是我這次考試考超好，我就可以買那雙新球鞋給自己」，以注入必要的**活化能**之外，也要同時運用負面的**誘因結構**，像是「我會先匯 20 美元給我朋友，唯有等到我證明今天念了 30 分鐘書之後，她才會把這筆錢還我」。這類負面誘因又稱「可信承諾」，這是個源自**賽局理論**的術語，指的是你被迫在自己身上，施加一個約束性、明確、卻有好處的結構。

3. **找個學習好夥伴：**擁有學習夥伴不僅能鼓勵你學習，這是在運用**互惠**這類認知偏誤來為你帶來好處，且在學習時積極討論學習的內容，稱為「積極回想」，也能協助你在腦中銘記。

分心則是拖延的共犯。我們之中有誰不曾感覺過視線飄離書頁，並投向手機溫暖懷抱的呢？那裡可是提供了愉悅的社群網站、訊息跟音樂呢。然而，要讓我們的大腦處理並記住從視覺皮層輸入的內容，那就必須保持專注，所以，你應該要：

1. 把手機放在另一個空間、關機、或最少最少關成靜音模式。

2. 關掉 Spotify，除非你在聽古典音樂或是環境音。

3. 創造一個專供學習的空間，沒有任何螢幕、圖片、遊戲、戶外景觀、或其他會競爭你大腦注意力的東西。

4. 避免多工處理，一整段學習時段一次只專注在單一主題上，也記得要刻意練習。

建立良好的學習習慣與養成其他有益的習慣並無不同，所以檢視養成好習慣的某些原則，也可說相當值得。而最為現代的習慣習得架構，似乎便是由詹姆斯・克利爾在他的著作《原子習慣》中所提出的那種，該書同時也強調了微小進步的力量，因為可以帶來重大的結果，這是借用自**複利**的概念。不過，我們在此只會討論他提出的習慣建立技巧而已，克利爾建議了 4 個步驟：

1. **把習慣變得明顯**：明確指出你試圖要建立哪種習慣，以及原因。
2. **把習慣變得吸引人**：為習慣習得加上誘因，或是加入一群追求相同目標的人。
3. **把習慣變得簡單**：降低過程中的阻力、藉由移除分心物最佳化你的環境、並做出可信承諾。
4. **把習慣變得滿足**：運用**雙循環學習**方式，來評估你的進展，並沿途加上正面或負面**誘因**。

克利爾的架構借用了許多我們已經討論過的概念並非巧合，因為他也是心智模型的鐵粉！而且當然，發展出正面的習慣，究其本質，也是在把「慢想」的過程加諸到「快思」

上，是用理性驅策的目標，來取代我們自我毀滅的直覺性行為。

小結

　　希望本章針對不同的學習方式及方法，有提供你一些觀點和洞見，請記得，學習你怎樣學習才最好的這整個過程，本身也是一個學習過程，這個句子實在超令人費解的啦，你搞不好甚至都能記起來了呢，因為你通常得重讀個好幾遍！也要記得，請假設在你的學習方法上，永遠都存在實驗和改進的空間，而當然，在展開過程前及學習過程間，也記得要**刻意暫停**，並自問一下誰、什麼、哪裡、何時、為何、如何。

注釋

1. 即便根據以下這篇研究，這類技巧似乎沒幾個特別有用的：John Dunlosky, Katherine A. Rawson、Elizabeth J. Marsh、Mitchell J. Nathan、Daniel T. Willingham，"Improving Students' Learning with Effective Learning Techniques: Promising Directions from Cognitive and Educational Psychology"，*Association for Psychological Science*，2013 年 1 月 7 日，https://www.psychologicalscience.org/publications/journals/pspi/learning-techniques.html.

2. 話雖如此，把一本書從封面讀到封底只為娛樂，卻是人生最爽的樂事之一！

3. 這裡似乎還有機會可以發展出一個 9 步驟問題解決理論！

4. 如同卡蘿・杜維克（Carol Dweck）在《心態致勝》（*Mindset*）一書中所推廣普及的概念。

5. Nina Semczuk, "A Simple Way to Solve Problems While You Sleep," *muse*, June 19, 2020, https://www.themuse.com/advice/a-simple-way-to-solve-problems-while-you-sleep.

6. 至少對我來說是這樣子啦。

7. 參見蓋・克萊斯頓（Guy Claxton）的《兔腦龜心》（*Hare Brain, Tortoise Mind*，暫譯）一書。

8. 可參見喬希・維茲勤（Josh Waitzkin）的《學習的王道》（*The Art of Learning*）一書及喬許・考夫曼（Josh Kaufman）的《學得快才會想學！：黃金 20 小時學習法》（*The First 20 Hours*）一書，維茲勤同時也是刻意練習的鐵粉。

9. 這項技巧的一些例子可參見："10 Really Cool Mind Mapping Examples"，*MindMaps Unleased*，存取日期 2023 年 4 月 8 日，https://mindmapsunleashed.com/10-really-cool-mind-mapping-examples-you-will-learn-from.

10. I. A. Walker, S. Reshamwalla, and I. H. Wilson, "Surgical Safety Checklists: Do They Improve Outcomes," *BJA: British Journal of Anaesthesia* 109, no. 1 (July 2012): 47–54, https://academic.oup.com/bja/article/109/1/47/237109.

11. Jason Zweig, "A Checklist for Investors," *Wall Street Journal*, December 13, 2013, https://www.wsj.com/articles/SB1000142405270230420220457 9254793231267408.
12. 或至少是蘋果某個行銷鬼才的話啦。
13. 就像荷馬·辛普森說的：「教訓就是，永遠連試都別去試。」參見 https://www.youtube.com/watch?v=NwVNuyfhF0Q.
14. 至少在 2023 年的預算刪減之前他們會辦啦！

第 **8** 章

理解

理解

本章的目標是要提升你在知識上的防禦力及攻擊力，如同你已訓練心智小心認知偏誤一樣，你也得多加注意其他人是否正在刻意濫用這類偏誤，以過度影響你。了解這些伎倆，將能讓你看穿這類嘗試，並躲過成為謬誤獵物的命運。

廣告和假新聞可說頗為相似，兩者都是在操控我們去進行假如沒有得知這些資訊的話，就不會做出的行為。廣告因為法律上的後果，一般來說並不會含有明顯的謊言，但會刻意漏掉關鍵的細節，或特別著重在某個層面上，同時忽略其他層面。假新聞則可能絕大部分都是編造的，但其中卻摻雜了一絲真實，以便增加可信度，這類新聞受到言論自由法律所保障，顯得更加險惡。但兩者共同的意圖就是要欺騙你，而這便是我們必須努力去嘗試，以讓自己免疫的東西。

你可能也會希望科學期刊應該要力求準確，且只應推廣由擁有倫理的研究者撰寫，並經由高水準同儕審查完成的文章，然而，如同我們之後會看見的，這裡頭其實也有許多偏誤在運作。學術界極度競爭到殘忍的地步，而這類壓力不時會造成科學家刊登造假的研究結果，就連那些不是假造的結果，也有可能無法複製重現，這代表結果其實是以機率為基礎的。在這些文章中最主要的騙術，便是使用統計數據，而藉由了解統計方法，你便可以對研究達成結論的準確性及重要性，提出有根據的意見了。

都到這個時候了，應該不用我說，最好**刻意暫停，再思考**有關資訊的脈絡、作者的動機、可能發生曲解的各種潛在方

式。隨著科技及心理操縱伎倆日益精進，不妨養成健康的懷疑態度。

廣告

廣告技巧設計的目的，便是要訴諸許多既存的認知偏誤，你應該不會意外。我們已經討論過非營利組織會使用**互惠**，比如他們寄給你「免費」的托特包，接著要求你捐款。**社會認同**是另一個常用的方法，廣告商會說服你要是你使用了他們的產品，那就代表你絕不孤單，例如會找來名人背書。人類傾聽權威的意願，也是另一個受到廣告工業徵用的特質，廣告便時常會找醫生現身說法。運用又稱「無償廣告」的公關，也讓廣告商擁有「正當」的媒體露出，例如在報章雜誌上，或是電視故事，內容則是有關公司本身或其中一項產品，藉此提高可信度。

此外，另一個常用的技巧，還包括運用差勁的統計手段來說服你特定結論是有效的，以下便是幾個例子，希望你之前沒有被騙過！

1. 某餐廳宣傳他們擁有「我們顧客票選全市第一的漢堡！」這廢話啊，因為要是某個人去特定的餐廳吃漢堡，那肯定表示他很愛那裡的漢堡！這便是**樣本挑選偏誤**一個非常好的例子，我的小孩也票選我是世界第一的老爸啊，雖然我很確定這個獎項肯定是沒有涉及任何偏誤。

2. 「5個牙醫裡面有4個都推薦高露潔！」

　　電話市調其實可以複選啦，所以這句應該改成「5個牙醫裡面有4個都推薦Crest、高露潔、或其他牙膏品牌」[1]會比較準確，我猜那第五個牙醫刷牙的時候應該不愛用牙膏吧。此外，從歷史上看來，這類廣告其實比較常用於更有害的建議啦，例如某則1946年的廣告就表示：「抽駱駝牌香菸的醫生人數，遠超其他品牌！」

3. 「5折出清！」

　　這看似是個不錯的折扣，除非公司其實在打折前就已經把定價調高2倍了，而且他們真的很常這麼做！這屬於**錨定效應**的例子，顧客會錨定在標籤上印的較高標價，因而認為折扣很划算。

4. 「我不只是Hair Club生髮公司的董事長，我也是個顧客！」[2]

　　這則Hair Club for Men生髮公司1986年的廣告，便找來了公司創辦人現身說法，大家都愛**故事**，且也會受到顧客的故事吸引。這就是為什麼廣告常會找來「真實顧客」現身說法，講述他們的經驗，而即便已經出現爆料說他們是收錢背書的，對於他們說法的威力，似乎依舊絲毫沒有影響。

　　此外還存在其他很多廣告商伎倆的例子，IG網紅便會濫用**社會認同**，即大家喜歡身旁圍繞著跟自己在做同樣事情的

人，加入會員便提供免費試用品的做法則同時玩弄了稟賦效應
的概念，也就是你不想放棄你已經擁有的東西，以及人類維持
現狀的傾向。而且當然，所有廣告也都是在運用**框架效應**，會
盡量盡善盡美呈現某產品，並強調其好處，卻忽略其缺點。

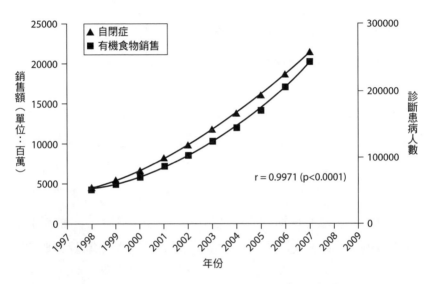

圖 8.1： 偽 相 關。 由 Reddit 上 的 u/jasonp55 繪 製， 參 見 https://imgur.
com/1WZ6h。

此外，隨機的機率或設計差勁的科學實驗，也能在根本不存
在時提供**因果關係**的假象，圖 8.1 便用自閉症患者跟有機食物
銷售量「呈正相關」的這個圖表，對接種疫苗及自閉症之間的
假設性關係提出了疑慮，並揭露了這種偽相關性。[3]（編按：
即諷刺打疫苗跟自閉症根本沒關係，都是瞎掰。）

當然，要販賣產品最簡單的方式，就是隨便瞎掰一些假的好

處，如同許多減重機構在做的那樣，以下就是幾個肆無忌憚的現行犯：

廣告公司斥資 200 萬美元徵角參與欺騙性減重案例及「免費」提案[4]

熱門影片：賀寶芙真的能治腦腫瘤嗎？[5]

ExtenZe 草本營養保健品[6]

要是這段聲明來自一間可信賴、顧慮法律問題的公司，那你就可以找找聲明結尾是否有星型符號。（編按：代表針對該聲明有進一步說明）假如某電池品牌宣稱自己「撐得更久」，那就看看和其比較的是哪個牌子，並決定這是否是正確的比較，或像最近，特斯拉的卡車在拖力戰爭中贏過一輛福特F-150 時[7]，那該去檢視一下比賽中用的是哪種引擎及傳動系統。

最後，別忘了所有人都想展示出自己最棒的一面，而要是他們試圖從這次相遇中得到什麼好處，這點會更明顯。此外，修圖、變造照片、假模型也都很常見，特別是在消費性商品上[8]。

在某篇最近的文章中，就提到青少年被明確告知用來提升他們對不健康速食渴望的各式廣告技巧[9]，一旦他們意識到這點，並適當地感受到被操控的不滿後，他們在選擇食物上會更加健康。希望你讀完本章之後，也會有類似的感受，只要記得

刻意暫停一下，再思考廣告的宣稱是否合理、瞄準的是哪些認知偏誤、還有最重要的，你是否真的需要購買該產品！

假新聞

湯瑪斯・吉洛維奇（Thomas Gilovich）在《康乃爾最經典的思考邏輯課》（*How We Know What Isn't So*）一書中，討論到我們先前提過的某些認知偏誤，是如何能夠導致人們抱持錯誤信念的。[10] 他在書中提出了以下假設，其中許多你應該覺得十分熟悉才對：

1. 人類易於在根本不存在之處，看見模式。
2. 人類會接受證實先前抱持信念的資訊，並忽略不相符的資訊。
3. 在一定程度下，人們會相信自己想要相信的事。
4. 大家都喜歡故事，所以要是充滿娛樂性，那對於媒體誇大事實（像《國家詢問報》（*National Enquirer*）的所作所為）也不會覺得怎麼樣。

那本書是三十年前寫成的，但在今日依然鞭辟入裡，這是因為「假新聞」、精準投放以及大眾對事實的漠視已成了一種風潮。人們似乎更常抱持錯誤百出的信念，比如疫苗會導致自閉症、維他命營養品是萬靈丹、飛機雲的迷思[11]，而且對此也覺得頗習以為常。不過，我們或許也不該因此驚訝，

如同強納森・勞赫（Jonathan Rauch）在《知識的構成》（*The Constitution of Knowledge*）一書中所述，人類幾千年來都在歪曲真理，而只要這能符合各自的目的，身旁的人們也會滿足於支持這類虛假的信念。即便認為人類基本上是理性且求真的這個想法令人愉快，事實上，「理性卻是……激情的奴隸」，如同哲學家休謨在 1739 年時所寫。

雖然知道這個傾向，我們仍應擁抱丹尼爾・派翠克・莫尼漢（Daniel Patrick Moynihan）的格言：「每個人都有權利發表自己的意見，但不能發表自己的事實。」當錯誤的資訊和事實一併傳播，且是以瞄準人類偏誤和傾向的方式這麼做時，讀者就必須特別留意小心了。

隨著科技的進步，很快就能任意修改影片和聲音，即所謂的「深偽」，所以任何人都可能看似說了什麼或做了什麼。[12] 不久後，我們將無法完全相信自己的感官，而這就是為什麼我們必須學會相信自己的心智。

所以讓我們來思考一下，假新聞可能會如何迎合我們的成見和偏誤，並努力建立防禦，抵擋這些攻擊吧。

1. **考慮來源：**這看起來是廢話，不過有時候要確定資訊的真正來源，或者套上的多層濾鏡，包括是誰發布的、誰寫的、文章是否以某種方式修改或選擇性引用等等，其實並不容易。話雖如此，千萬不要不加思索就輕易接受某個說法是正確的，這相當重要，哪怕是簡單思考一

下都好，去考量製造資訊者的**誘因**，也請記得**觀點**的概念，同時將其應用到眼下的事件上。

2. **相信事實，但不要相信預測**：人們可以接受報酬做出看似「有根據」的預測來支持任何觀點，看看全球暖化、金融市場、或各種食物和營養品的健康效果等多樣觀點就知道。比起受到許多認知偏誤荼毒、關於未來的武斷意見，歷史事實在經過適當編纂及引用之後，其實更為值得信任。

3. **忽略故事**：既然知道網紅會運用故事，尤其是那些訴諸我們成見的故事後，假如面前出現了極具說服力的故事，我們就必須格外小心。請要求數據或第一手證據，而非訪談或臆測。

4. **檢查所有可疑的影像**：運用溯源的搜尋工具，去尋找編輯或篡改的跡象。[13] 更廣泛一點，可以假設照片可能以各種方式移花接木 [14]，甚至可能部分或完全造假。

5. **確認所有引言的來源**：可以使用 Google 的進階搜尋，因為很可能只有部分引用或是**斷章取義**。刪除引言中提供相反或細微解釋的部分，完全符合**確認偏誤**，且也是在避免**認知不一致**的情況。

6. **為數據尋找多重驗證查核**：要是資訊在多處受到引用，或是和聲譽卓著的出版物或科學期刊有關，那就更有可能是可靠的。

7. **驗證專業**：人們自然而然會遵從專家，也就是所謂的

權威偏誤，並將他們的說法當成事實看待。然而，許多「專家」其實一點也不專業，應檢查其背景和資歷，以確認其在相關主題上是否真正具備專業。

8. **記得數據是可以操弄的：**因為大多數人天生就對數據頭痛，他們會比較喜歡數據經過詮釋和簡化後再呈現給他們。然而，這就導致了風險，數據可能會受到濫用或選擇性傳播，所以請仔細檢視數據蒐集、研究設計、數據詮釋方法，以確保其中不存在偏見。

最後，專門踢爆有問題資訊的專家也能提供幫助，像是 Snopes.com、Politifact.com、Fact-check.org 等網站就很有用。

總之，某新聞報導或宣稱帶來的震驚程度越高，其所需的支持證據量就越大。例如，若出現外國勢力介入美國選舉的相關報導，應該不會有任何人感到意外，因為各國政府這麼做由來已久；然而，若有數千個選區涉及某個巨型陰謀的報導，這則消息相對不那麼可信，並且需要更大量的證據去證實。

隨著各式證據越發難以信任，仰賴本節討論的工具將比以往更重要。你在閱讀本書時，網路上便很有可能充斥各種源自 Chat-GPT 及其他 AI 引擎的錯誤資訊、篡改圖片、深偽影片。務必記得**刻意暫停，再思考**，考慮一下背後涉及的誘因、了解是哪些認知偏誤受到濫用，並盡可能詳細檢視相關的數據統計紀錄。

科學研究

有很高的機率你應該不是個科學家，畢竟統計上來說，科學家僅占全球人口數不到千分之一。[15] 話雖如此，你在生活中幾乎肯定會遇上科學或準科學的資訊，因而也會需要對其準確性和相關性形成自己的看法。

假設你讀到全球暖化不是真的，或者吃 Oreo 能協助你減肥，你可能會起疑 [16]，但支持者會援引某個科學「研究」來提供「證據」。除非單口喜劇演員寶拉・龐德史東（Paula Poundstone）[17] 或某個網路偵探 [18] 已經發表看法，不然的話，對於可能有疑慮的數據，你就得自己得出結論才行。而為了達成這點，你必須具備一些基本的工具和知識。

即便絕大多數科學家都是立意良善又有品的人，卻不是所有人都是這樣。科學研究是項高壓、永不停歇的工作，攸關名聲和金錢利益。如果某數據代表的是能否得到有利的結論，且能帶來數百萬美元的研究經費並讓你獲得終身職，你難道不會覺得有壓力，想要忽略那個不利的糟糕數據嗎？你覺得其他人也總會做正確的事嗎？尤其是當他們打從心底相信，他們的論點其實依然有效，且負面的數據有可能只是偶然而已？或許這股動力，就是為何竟然有高達 35％的科學研究無法被其他科學家複製出相同的成果 [19]，也是為什麼似乎時常會出現修改變造過的圖片參雜其中。[20]

更重要的是，科學家也是人。他們跟我們所有人一樣，也會成為認知偏誤的獵物，尋求著能夠確認自己信念的證據，並忽

略那些導致認知不一致的。雖然存在一些防護措施可以防止這件事發生，包括同儕審查、臨床實驗設計準則、統計分析等等，人類的本性依然會滲入其中。假如某次試藥的結論不討喜，結果就永遠不會公布，但要是成功了，結果就會以最有利的方式大肆宣揚呈現。

在一個理想的世界中，你和我的統計能力應該足夠強大，能夠了解統計顯著的合適指標究竟是 Z 檢定、P 檢定、F 檢定、卡方檢定、或是其他十幾種以人名命名的檢定之一，比如皮爾森、魏克森、考克蘭等等。但這並不是個合理的要求，就我個人而言，我還有更好的方式可以運用我的時間，所以我們在這點上，就必須聽從專家的意見。幸好，有許多違法亂紀的統計情事在研究設計階段就會發生，而這部分我們在評估上會更容易。

大致上來說，設計良好的科學研究應包含以下所有事項：

1. 龐大的樣本規模，理想上最好是數百或數千名受試者。
2. 一個接受現有標準照護療法的控制組，以妥善設置基準線，假如無法達成這點，那麼提供控制組安慰劑也是聊勝於無。
3. 由公正的人帶領研究，且研究成本是由無利害關係的第三方所支付。
4. 雙盲實驗設計，讓受試者跟進行研究者都不知道對方的身分，進而無法在過程中注入偏見。

5. 由聲譽卓著的期刊進行的同儕審查，理想上最好是影響係數高一點的期刊，這個指數指的是該期刊受其他學術期刊引用的次數。[21]

要是某一研究缺乏了上述 5 項特質的任一項，你就應該對結論高度存疑。該研究可能還是具有一定價值，但很有可能存在錯綜複雜的偏見，很難持平而論，且需要更多數據佐證結果以建立信心。

閱讀科學研究時，也請銘記以下的心智模型：

1. **回歸平均**：研究結果時常很難複製是有原因的。記住，要是有 10 個科學家都在研究同一個新主題，比如說基因測試的效力好了，那就只有得到最棒結果的那個會公布，其他人則會默默中止他們的研究計畫。如果基因測試的真正效力是 90％，但過程中還是會受到運氣影響，那麼第一篇刊出的研究就可能會表示效力是 95％。只有隨著時間經過，越來越多數據公布之後，真正的 90％ 結果才會越發明顯。

2. **統計顯著**：科學研究會需要足夠的數據，才能產生統計上的顯著結果。小型的樣本規模不太可能會產生有意義的結果，除非結果大幅偏離控制組，所以，假如你讀到一篇小樣本規模的研究，比如說，只有 10 位病人拿到了藥，那你就該假設運氣在研究的結論中可能參了一腳，

除非結果真的很戲劇化，像是 10 位病人都馬上就痊癒了。

3. **框架效應──使用正確的控制組：**大多數實驗都會使用控制組，代表沒有受到任何干預的結果，比如說要是不投藥，那某疾病會如何發展。然而，要選擇不適當或誤導的控制組，使得結果看起來比實際上更棒，其實也很容易。藉由這麼做，科學家便是在以對自己最為有利的方式框架整個情境。假如你發覺控制組挑選的方式很奇怪，或者實驗是以非傳統的方式進行，那麼這樣的比較，可能就具誤導性。

4. **安慰劑效應：**如同在第 2 章中所討論的，就算沒有得到「真正」的藥，病人依然會回報自己痊癒了。人類的大腦會因安慰劑的影響而啟動身體的治癒反應，或者會去忽視造成不適感的痛苦信號傳遞。因此，對於某藥物或某程序的正確對照並非不投藥，而是給予安慰劑才對。更好的做法是，新藥應該要和目前的標準照護方式相比較。

5. **因果：**如同上述討論過的廣告，詳細檢視資料組後，便有可能發現強烈的關聯，然而，未必總是有辦法從這組資料中判斷出因果關係，除非研究經過適當設計，以取得因果性。例如，各公司花錢測試人類的腸道微生物相 [22]，但要是他們在克隆氏症患者的腸子中發現了某種腸道細菌存在，他們也不可能知道是疾病導致了這種細

菌，或是細菌造成了這種疾病。

此處的重點，是要抱持適度的懷疑。就連廣泛流傳、習以為常、根據歷史上的科學研究得到的信念，也有可能是徹底全錯的。比如，目前對於母乳對孩子能否帶來任何益處，就處於存疑狀態。[23] 類似的情況還有，在 20 世紀時，標準的建議是盡量少碰觸嬰兒，也避免去「寵」他們[24]，這和當今的依附式育兒風潮可說是南轅北轍。假如就連過去這麼流行且受到科學支持的結論，尚且都能被證明是錯誤的，那還有什麼能讓你大吃一驚的呢？

如果把這個例子的時間挪到當下，我們就應該好好檢視新冠肺炎疫情爆發初期種種有關藥物治療的宣稱，例如鋅、氫氯奎寧（hydroxychloroquine）、阿奇黴素（azithromycin）。支持這些療法效力的所謂「數據」，都是來自小規模且控制程度極不嚴謹的研究，受試者也並非隨機挑選的，這些「研究者」也都擁有強烈的財務、名聲、政治誘因，要回報正面的結果。而毫不意外，一旦用適當的統計嚴密度詳加檢視之後，這些混合物其實比沒用還更糟，甚至可能已對使用者造成損害。

《紐約時報》近期的某篇文章也宣稱急診室的錯誤每年害死 25 萬名美國人，這可是占美國每年總死亡人數的 8％耶！[25] 該研究背後的方法論，是十年前某項針對加拿大急診室的研究，顯示每 500 人就會有 1 人死去，而 0.2％這個比例，又應用到美國急診室每年收治的病人人數上[26]，而這很明顯違

反了統計的守則，也違背了常識。看來，就連鼎鼎大名的《紐約時報》也會做出這麼鳥的分析。

　　一如既往，對於任何宣稱都應該先**刻意暫停**一下，來劑適量的懷疑。抗發炎的藥物能治療呼吸道病毒造成的疾病嗎？要是醫院急診室中的無能醫療行為每年害死 25 萬人，那醫院還有可能沒被告死，繼續開門嗎？假如政府想要祕密害人民絕育，會用上不定期以小飛機的飛機雲散播化學物質這種方法嗎？而且還是在大氣層上空那麼高的地方？務必記得「對誰有好處？」這個概念，以及我們有關**誘因**的討論，並且保持批判的態度吧！

注釋

1. 高露潔便曾因這句宣傳標語惹上麻煩："Kick in the Teeth over Toothpaste Ads", *Manchester Evening News*, 2007 年 2 月 15 日，https://www.manchestereveningnews.co.uk/news/greater-manchester-news/kick-in-the-teeth-over-toothpaste-ads-979028

2. https://www.youtube.com/watch?v=xeFoLdeqG1I.

3. Nathaniel Cope and James Spedding, "5 Ways Statistics are Used to Lie to You Every Day," *Cracked*, March 19, 2023, https://www.cracked.com/article_20318_the-5-most-popular-ways-statistics-are-used-to-lie-to-you.html.

4. "Ad Agency to Pay $2 Million for Role in Deceptive Weight Loss and 'Free' Offers," FTC Press Release, February 7, 2018, https://www.ftc.gov/businessguidance/blog/2018/02/ad-agency-pay-2-million-role-deceptive-weight-loss-and-free-offers.

5. Brian Ross, Matthew Mosk, Rym Momtaz, and William Gallego, "Caught on Video: Can Herbalife Cure a Brain Tumor?," *ABC News*, April 23, 2014, https://abcnews.go.com/Blotter/caught-tape-herbalife-cures-brain-tumor/story?id=23441488.

6. "ExtenZe"，維基百科，最後修訂日期 2023 年 4 月 7 日，https://en.m.wikipedia.org/wiki/ExtenZe.

7. Andre Smirnov, "Wait! Did an AWD Tesla Cybertruck Pull a 2WD Ford F-150? Behind the Scenes Video," TFL Truck, November 25, 2019, https://www.tfltruck.com/2019/11/wait-did-an-awd-tesla-cybertruck-pull-a-2wd-ford-f-150-behind-the-scenes-video/.

8. Jenny Chang, "The Art of Deceptive Advertising," *Finances Online*, March 6, 2023, https://reviews.financesonline.com/the-art-of-deceptive-advertising-reviewed/.

9. Cara Rosenbloom, "Is This the Secret to Getting Teens to Reject Junk Food?," *Washington Post*, January 1, 2020, https://www.washingtonpost.com/lifestyle/wellness/is-this-the-secret-to-getting-teens-to-reject-junk-food/2019/12/30/1ed6b096-2378-11ea-a153-dce4b94e4249_story.html.

10. 參見湯瑪斯・吉洛維奇《康乃爾最經典的思考邏輯課》一書。

11. 假如你想去 google 上述任一主題,最好使用瀏覽器的無痕功能,不然陰謀論廣告會請你吃一頓粗飽了!

12. James Vincent, "Listen to This AI Voice Clone of Bill Gates Created by Facebook's Engineers," *Verge*, June 10, 2019,

13. https://www.theverge.com/2019/6/10/18659897/ai-voice-clone-bill-gates-facebook-melnet-speech-generation; James Vincent, "Watch Jordan Peele Use AI to Make Barack Obama Deliver a PSA About Fake News," *Verge*, April 17, 2018, https://www.theverge.com/tldr/2018/4/17/17247334/ai-fake-news-video-barack-obama-jordan-peele-buzzfeed; Tiffany Hsu and Steven Lee Myers, "Can We No Longer Believe Anything We See?," *New York Times*, April 8, 2023, https://www.nytimes.com/2023/04/08/business/media/ai-generated-images.html.

14. Olga Yurkova, "Six Fake News Techniques and Simple Tools to Vet Them", *Global Investigative Journalism Network*, 2023 年 4 月 8 日存取, https://gijn.org/six-fake-news-techniques-and-simple-tools-to-vet-them/.

15. James Caunt, "People Are Posting Examples of How Media Can Manipulate the Truth", *boredpanda*, 2023 年 4 月 8 日存取, https://www.boredpanda.com/examples-media-truth-manipulation/?utm_source=google&utm_medium=organic&utm_campaign=organic.

16. John F. Sargent Jr., "The U.S. Science and Engineering Workforce," Congressional Research Service, 2017 年 11 月 2 日, https://fas.org/sgp/crs/misc/R43061.pdf、"How Many Scientists Exist Worldwide?", Quora, 存取日期 2023 年 4 月 8 日, https://www.quora.com/How-many-scientists-exist-worldwide.

17. "Nutritionist Loses 27 Pounds on Twinkie and Oreo Diet," *Health Care Business Tech*, November 5, 2010, http://www.healthcarebusinesstech.com/nutritionist-loses-27-pounds-on-twinkie-and-oreo-diet-no-really/.

18. Rosemary Girard, "In 'Live from the Poundstone Institute,' Paula Poundstone is on a Quest for Knowledge," *NPR Extra*, July 6, 2017, https://www.npr.org/sections/npr-extra/2017/07/06/535644657/in-live-from-the-poundstone-institute-paula-poundstone-is-on-a-quest-for-

knowled.

19. http://www.snopes.com.

20. "Replication Crisis"，維基百科，最後修訂日期 2023 年月 1 日，https://en.wikipedia.org/wiki/Replication_crisis#Overall、Kelsey Piper，"Science Has Been in a 'Replication Crisis' for a Decade. Have We Learned Anything?"，*Vox*, October 14, 2020, https://www.vox.com/future-perfect/21504366/science-replication-crisis-peer-review-statistics.

21. Elisabeth Blik, "Science Has a Nasty Photoshopping Problem," *New York Times*, October 29, 2022, https://www.nytimes.com/interactive/2022/10/29/opinion/science-fraud-image-manipulation-photoshop.html?searchResultPosition=5.

22. Google 學術便提供了一個衡量標準，會根據「H5 指數」去對出版物評分，並追蹤其中的文章受其他期刊引用的次數：https://scholar.google.com/citations?view_op=top_venues.

23. Dawn Chen, "When Correlation Does Not Imply Causation," *Science in the News*, January 27, 2021, https://sitn.hms.harvard.edu/flash/2021/when-correlation-does-not-imply-causation-why-your-gut-microbes-may-not-yet-be-a-silver-bullet-to-all-your-problems/.

24. Emily Oster, "The Data All Guilt-Ridden Parents Need," New York Times, April 19, 2019, https://www.nytimes.com/2019/04/19/opinion/sunday/baby-breastfeeding-sleep-training.html. 這是一個混淆因果關係與相關性的好例子。

25. 這也是怕會傳染疾病，但這項考量隨著時間經過也越來越不重要了。Oliver Burkeman，"The Diabolical Genius of the Baby Advice Industry"，*Guardian*, January 16, 2018, https://www.theguardian.com/news/2018/jan/16/baby-advice-books-industry-attachment-parenting.

26. Reed Abelson, "E.R. Doctors Misdiagnose Patients with Unusual Symptoms," *New York Times*, December 15, 2022, https://www.nytimes.com/2022/12/15/health/medical-errors-emergency-rooms.html.

27. Kristen Panthagani, "No, ER Misdiagnoses Are Not Killing 250,000 Per Year," *You Can Know Things*, December 18, 2022, https://youcanknowthings.com/2022/12/18/no-er-misdiagnoses-are-not-killing-250000-per-year/.

第 9 章

投資

投資

市面上有非常多的書在談投資，但大多數都已經過時，不僅難以幫助讀者成功投資，甚至可能帶你朝錯誤的方向去。幸好，我們先前討論過的各種概念，再加上一點點常識，就能讓你和投資世界建立起正面且豐碩的關係，但請注意，以下這些結論是專供業餘及散戶投資客運用的，假如你選擇把投資當成職業，自然需要學會更複雜的技巧。話雖如此，本章的各式建議在統計上來說，還是能幫助你勝過大多數專業投資人，而且還不用付出那麼多心力呢！就我看來，成功投資的關鍵如下：

1. 了解投資對立方的動機，即掮客、財務顧問、投資經理、股東。
2. 務必記得安全邊際、風險 VS 獎勵、回歸平均和其他重要概念。
3. 不要成為認知偏誤及失誤行為的獵物，例如「從眾」求溫暖、對於短期事件過度反應、最小化情緒不一致。
4. 擁抱統計及機率的方法論。
5. 記住複利的威力，以及複利過程中的鉅額損失所帶來的負面影響。

這只是個大致的架構，不過當多數人想到「投資」時，腦海中首先浮現的大都會是股票和債券。而由於投資股票對於絕大多數的存戶來說，很可能是最普遍也最棒的方式，因此我將主要集中在該領域進行討論。

為什麼傭金很糟

我在此不會藏招啦。一般來說，對於項美國、歐洲和日本已開發經濟體中的效率市場而言，**付錢給某個人替你做出投資決定，幾乎從來都不值得**。有充足的證據顯示，基金管理人、個人財務顧問、還有基本上整個金融機構，都不值得他們所收受的高額傭金，有許多資源都指出了這點，包括一本我針對這個主題撰寫，可供免費下載的小書。[1] 而指數型 ETF 持續崛起，也顯示許多人已經了解這點了，所以我就不再嘮叨了。

然而，這項主張的必然結果，便是散戶對於自行投資應該要自在且擁有信心才對。不過在幾十年前，這很可能會是個錯誤的假設，因為當時有大量的資訊只有機構型投資人可以取得，散戶並沒有辦法獲得，且和專業人士競爭也是件昂貴且錯綜複雜的事。但現在，戰場幾乎已經平等了，專業人士依然有一點小優勢沒錯，這就是為什麼試圖在他們的主場打贏他們一點也不合理，不過這優勢也不足以讓他們對得起自己收受的高額傭金。

這樣的市場架構演變可說自由到不可思議。這表示所謂的「市場效率」假設，從 1960 年代提出以來一直被視為笑話，直到 2000 年代初期才成為合理的假設。這也更進一步指出，你可以隨機買股票，只會受到一點點限制而已，然後表現還很可能會比指數型 ETF 和那些平均來說賺太多錢的投資顧問還好。這聽起來可能很瘋狂，不過千真萬確，數據顯示得清清楚楚啊！讓我再重覆一遍：你隨機選股票，賺得錢會比付錢給

一個專業投資人，請他幫你挑還多。尤有甚者，你隨機選股票，其實還比挑那些你喜歡的更好呢，如同我們討論過的認知偏誤，你通常會喜歡其他投資人也喜歡的股票，因而這些股票和其基本價值相較之下，很有可能早就已經太貴了。

　　事實上，你能做出的唯一糟糕決定就是付傭金，不管是給投資顧問、共同基金、避險基金、甚至是 ETF 的創辦人。無論是交易費、投資費、成交費，還是各種形式的傭金，都應該盡量避免。一開始金額可能看似合理，但之後會一直累積，接著，可以回想一下**複利**的概念，其負面影響就會隨著時間放大。就連那些只收一點傭金的證券帳戶，他們時常會提供「免費」交易哦，其實也都賺取暴利，我名下就有好幾個這樣的帳戶，而我越是深刻思索我剛才所說的一切，就越是覺得他們竟然用各種極度晦澀難解的方式，就這麼榨走了我一大堆錢。除了使用「收盤價」的交易訂單，最好只把錢存在獨立的線上存款帳戶中而非證券帳戶、投資最陽春的那幾支美股，不然基本上就是在當財神爺四處灑錢啦！

為什麼人們會不斷做出糟糕的投資決定

　　大致上來說，導致人們做出糟糕決策的同一類偏誤，也會讓他們在投資上做出差勁的決定，包括：

1. 錯失恐懼症／社會證據
2. 錨定效應

3. 確認偏誤
4. 沉沒成本
5. 風險迴避
6. 過度自信

　　然而，投資領域中也存在特定層面，會使決策過程變得格外錯綜複雜。首先就是我們先前討論過的代理人問題和資訊不對稱，比如身為共同資金中的被動投資人，你對於基金管理人的研究、決策、倫理、動機，就只有有限的認識，簡而言之，你就只是不知道他們工作到底幹得好不好，可參見之後提到的「技巧的幻覺」段落。甚至就連他們過往的歷史投資結果，通常在統計上也無法達到顯著程度，除非橫跨了數十年的時間，所以，你必須在欠缺足夠資訊，無法當成決策基礎的情況下，去決定是要投資、不投資、還是撤資。因此，基本上是絕對不可能持續做出良好決策的！

　　第二，根據投資最重要的原則之一行事，在情感上也會帶來挑戰：當情勢看似最糟時，預期的回報才會是最大的，反之亦然。正如納森‧羅斯柴爾德（Nathan Rothschild）所說：「在砲聲隆隆時買進，號角響起時賣出。」也就是在即將開戰時進場投資，因為這時其他投資人最為悲觀，接著在和平宣布到來時賣出。相關的數據並非爆發戰事，這點所有市場參與者都了然於心，重點在於戰爭總會結束，且在整體悲觀下的價格低點進場，將會造就極具吸引力的未來回報。

　但是，這說來容易做來難！2020 年 3 月新冠肺炎疫情達到高峰時，絕對是發大財的絕佳機會，但大多數投資人卻龜縮成一團。人類會避免不適，而在你的朋友、家人、電視主持人全都尖叫著世界末日即將來臨時，跑去買股票是少數比看馬斯克的推文更讓人不舒服的事之一。

　這種對於舒適的渴望也促使許多人尋求投資顧問的服務，這些專業人士通常非常友善，也還算聰明，但他們對你的錢包而言卻是危險的！請記住，每位成功的投資顧問一開始都沒客戶，且是透過陌生開發、付費廣告、他人轉介，努力建立起他們履歷的，換句話說，他們本質上是銷售人員，並且會利用**互惠**和其他認知偏誤來獲取利益。也請記得他們的**誘因**和你不同，且他們對於受託責任的承諾，假如在法律上存在的話，也可能大相逕庭。即便傭金架構很簡單，比如說，固定從資產抽取百分比好了，顧問還是有很多方法可以從你的損失賺到更多錢的，比如購買高傭金的共同基金、把他們更有利可圖的投資分配到以表現為衡量標準的帳戶上、或是股票和債券擁有不同的傭金架構等等。

　總之，人性通常會導致你迷失在金錢相關的事務中。而為了要成為一個真正優秀的投資人，你就必須忽略那些會導致你為了避免錯失恐懼症而買高，並在市場恐慌時賣低的基本衝動，買高賣低實在不是個好策略，你算個數學就知道啦！話雖如此，要當個優於平均的投資人其實還蠻容易的：你需要做的就只有盡量按兵不動。我們這裡會再次用上**反轉**的概念，因為

消滅壞決定，通常就會造就好結果。

想讓你的投資計畫避免任何反效果行為，我的建議包括：

1. 長期無視你投資組合的價值，這樣你才不會受到誘惑，因為價格波動產生反應。
2. 設置自動存款及投資的選項，所以大多數的決策都完全不需要經過你。
3. 無視網路和電視上的意見、掮客的說服、其他無用又彼此衝突的投資建議。
4. 避免所有高傭金的投資產品，這樣時間才會站在你這邊，而非跟你打對台。

複利以及為什麼損失會這麼慘的實例

複利，如同先前所討論的，指的是以利滾利的過程，因而整體的效果將呈指數性發展。你可能聽說過，曼哈頓島是在1626 年時以價格 24 美元的珍珠和萊納佩（Lenape）部落購買的，但如果將這 24 元以每年 10％的利率投資到今日，價值可能會達到 65 萬兆。曼哈頓目前的土地估值約為 2 兆，所以當初賣地的人也許到頭來還算拿到了個不錯的價格！

複利的魔力長期來看最為明顯，參見表 9.1，你便能看見在其他所有條件都相同的狀況下，早點開始存錢會帶來非常大的優勢。

表 9.1 退休金隨著時間經過的價值

開始存錢的年齡	1,000 美元於退休時的價值
20 歲	90,017 美元
30 歲	33,115 美元
40 歲	12,182 美元
50 歲	4,482 美元

　　然而，比較少人深入了解的，是虧錢時必須承受的鉅額損失，這是因為損失需要用反轉獲利的方式去抵銷，虧了 50％ 會把 1,000 元變成 500 元，這代表現在需要 100％ 的投資報酬率，才能回到原始的本金。更戲劇化的是，100％ 的虧損會讓你的本金歸零，而在這之後，不論增長多少都救不回你的退休金！

　　以下的一連串回報，假設是投資在電動車的股票上得到的好了，一開始感覺會很讚……直到變不讚為止：

第一年到第九年：年收益 25％
第十年：年虧損 90％

1,000 元在第九年年底的價值：7,451 元。
1,000 元在第十年年底的價值：745 元。

相較之下，以下的回報（例如城市和州政府發行的免稅市政

債券），在前九年會為你帶來嚴重的錯失恐懼症，直到證明在
第十年到來（參見圖 9.1）：

第一年到第九年：年收益 5％
第十年：年收益 5％

1,000 元在第九年年底的價值：1,551 元。
1,000 元在第十年年底的價值：1,628 元。

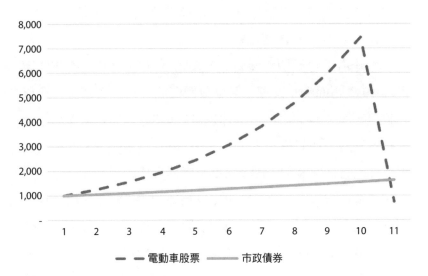

圖 9.1：鉅額虧損的危害效果

人會需要非常有信心，才能無視在投資泡泡膨脹時，其他人享受到的曇花一現財富，就像在「龜兔賽跑」的寓言故事裡一樣，「慢又穩」最終才能贏得賽跑，即便過程有可能會充滿痛苦跟血淚。而在現實生活中，「快又穩」才是凌駕一切的方法，但是很不幸，在投資世界中，能同時擁有兩者的情況實在是堪稱絕跡般罕見，投資伯尼・馬多夫（Bernie Madoff）的人就以為他們找到了這個組合，但我們全都知道最後下場如何！

技巧的幻覺

假如我拋 1 枚硬幣 10 次，且 10 次都正面朝上，你可能會認為我很會拋硬幣，畢竟，這個狀況隨機發生的機率是 $(1/2)^{10}$，即 1/1024。然而，要是我跟你說，總共有 2 萬個人在拋硬幣呢？你難道不會預期有幾個人，大概 20 個左右吧，能夠連續拋出 10 次正面嗎？同理，要是我們假設經營投資基金，類似在猜測市場每年的方向，那你也可以預期大約有 20 檔基金會擁有優異的長期紀錄。然而，這些紀錄和該基金未來的投資表現依然沒有任何關聯，因為這都是隨機形成的。

我們現在來假設一個甚至更憤世嫉俗的情境好了。假設我是個積極進取的股票經紀人，為了說服潛在客戶我的投資技巧很好，以吸引他們跟我開個戶頭（別忘了，投資顧問首先是個業務），為了達成這點，我買了一份有 10,000 個名字的電郵通訊錄，並寫了封信表示：「我想擔任您的投資顧問，而我的第一個建議便是在這周的收入報告公布之前，先去買福特的股票

吧。」我同時也寫了第二封信，其中的建議卻是完全南轅北
轍，表示要賣掉福特的股票，然後把第一封信寄給通訊錄的前
5,000 個人，第二封信則寄給後 5,000 個人，這樣其中就有半
數的人會得到一個糟糕的投資建議，另一半則是會賺到錢。
下周，我再寫信給那些「贏家」，提供新的投資主意，再一
次，一半的人會得到某個建議，另一半的人則會得到相反的建
議，再下周我就會剩下 2,500 人，然後是 1,250 人、625 人、
312 人、156 人、78 人、39 人，最後是 20 人。那剩下的 20 人
很有可能會認為我簡直是個天才，因為已經連續八周讓他們賺
錢了，因而應該也很容易說服他們開個戶頭。即便這個假設性
的例子有點牽強，但跟運用不同策略推出數十種基金的共同基
金公司，然後把表現差勁的那些收掉，接著大肆吹捧讚揚剩下
那些成功的基金是「五星表現」這種行為比起來，有什麼不一
樣嗎？

　　大家都喜歡**故事**，而投資世界可說充斥了故事。比如「我們
買了這支股票，是因為我們參觀了店面，看到新產品後就知道
它肯定會爆賣」就是很常見的故事之一。但現實是，這類決
策幾乎很少是依據技巧得來的，且背後的過程也會是詮釋性
的，而非因果。換言之，比較常出現的情況，會是優質的投資
造就優質的故事，而非相反。

期望和效率市場

　　剛開始投資時一個很常見的錯誤，便是混淆了正面的結果以

及超乎預期的結果。規則如下，某個能夠公開交易的投資標的物價值，是反映出了數千名參與者的集體意見，且也納入了所有可能取得的資訊，因此，要是某間公司的未來在你看來一片光明，那對其他大多數人來說很可能也是一片光明，且股價也已經反映出這樣的意見了。

　　換句話說，天下沒有白吃的午餐，通常不可能用很便宜的價錢買到一間好公司的。即便可能不甚完美，但當成投資人樂觀程度的指標，我們可以參考「本益比」（P/E）。如果某公司市值 1 億美元，且今年預計會賺 1,000 萬，其本益比就是 10 倍，這代表投資人，平均而言，預估目前的收益會持續 10 到 15 年（請回想一下**金錢的時間價值**），且他們願意為這樣的獲益付錢。相較之下，要是另一間公司同樣市值 1 億，但收入只有 100 萬，那本益比就會是 100 倍。由於投資人通常不願意等 100 到 200 年才獲得回報，他們就必須改成期待 100 萬的收入不久之後會成長到 500 萬至 1,000 萬。換句話說，他們對於該公司擁有極高期望，並且對其未來也非常樂觀，他們之所以願意付跟第一間公司一樣的價格，即使目前的回報是 100 萬而非 1,000 萬，是因為他們預期未來的收入會高上非常、非常多。

　　不過對於大多數現今相當熱門的公司來說，應用這樣的練習其實有點沒意義，因為很多公司都連一毛也沒賺，事實上還虧了一屁股呢。所以，假如你在聽 Spotify，吃 DoorDash 外送來的食物、或覺得開 Rivian 電動車這個主意很讚的話，也請知

道其他投資人早就對這些公司樂觀到不可思議了,就算沒半間公司能產生可觀的經濟收入也是。購買這類股票之前,請記得大家已經認為那些公司的未來會極度成功了,而達成這樣的期望,未必會導致股價上升。

直接指標

我們再次來擁抱**反轉**的概念,思考一下大多數投資人犯下的錯誤,並且努力去避免吧。可以把這想成是在打網球,要是你對上的是職業選手,你必須盡量不要犯錯,且不斷打出很難回擊的球才行,但要是你的對手技巧沒那麼好,你需要做的就只有避免非受迫性失誤,比如擊球掛網。

你應該避免的投資錯誤包括:

1. 試圖找出會跌破市場和專業投資人眼鏡的個別股票。
2. 使用結構性的投資商品,例如 ETF,但尤其是來自海外的選擇,像是結構型債券。
3. 投資短期利益高的股票,這在整體的市場上表現通常會不太好。[2]
4. 一年交易超過好幾次,除非是在短期內用損失來補貼獲利的稅額。

即便 ETF 比共同基金還棒,依然擁有巨大的結構缺陷,因為其設計上的目的並不是要最大化表現,詳細來說,ETF 會:

1. 運用市值的加權，即買進大股，賣掉小股，類似買高賣低。
2. 根據追蹤的指數進行調整，最常見的就是運用標普五百指數，而這基本上就是一個把錢給避險基金以及套利基金的方式。
3. 擁有受到嚴重做空的股票，並賣給做空者來賺錢，同時把錢留給自己。
4. 會收傭金，這使得個體部位無法進行節稅交易。

只要創造出一個大約由 40 支股票組成的投資組合，每年的表現就應該能比追蹤標普 500 指數的某檔 ETF 還好上兩到三個百分點了，而且透過線上的股票帳戶還能免費完成呢。務必記得將持股多元化，分布在不同產業，並避開受到嚴重做空的股票，另外則是要多多少少隨機挑選，同時大致上符合標普 500 指數的產業分布。在 www.investforfree.org 網站上有更多建議及可選的股票清單供參考。

如前所述，最重要的建議是盡量避免付傭金，因為這些費用通常會過高，與獲得的回報價值不成比例，而且回報的價值本身，也更有可能會是負的。除此之外，投資就只是一連串的個人選擇，會視風險耐受度、思考的縝密程度、每個人的財務狀況而定。

• 了解你的限制何在，尤其是要注意你不了解的事以及你

有沒有可能是牌桌上的「肥羊」。

- 做出風險／獎勵的特色看似極具吸引力的投資。

- 記住損失會帶來比獲益更大的傷害，並且不要讓認知偏誤，特別是**社會認同**和**互惠**，影響到你的投資過程。

- 試著讓**複利**為你所用，方法是透過可以很多年都不用去管，且同時會以不須繳稅的方式成長的投資。

最後，了解到過去四十年對於擁有股票和債券的人來說，是段極度有利可圖的時光，這點也非常重要，因為在這段期間內，通貨膨脹和利率都穩定下跌。而根據**最近可取用性**偏誤，你對於未來回報的**期望**也會因而過高，所以，務必要抗拒誘惑，不要想在投資組合上承擔更多風險，以試圖獲得更高的回報！

要是有朋友在聊最近在 NFT 上又賺了多少、有經紀人在推銷某支聽起來很令人興奮的股票、或某個彈出式廣告建議趁某間新公司「還沒起飛就先進場」，務必記得要**刻意暫停，再思考**，並應用上述的原則。順利的話，這些原則將能讓你避開這些會虧錢的投資，以及隨之而來的經濟和精神損失。

注釋

1. 可至 www.investforfree.org 下載。
2. Joshua Franklin, "Banks Agree Near $500mn Settlement in Stock-Lending Lawsuit," *Financial Times*, August 23, 2023, https://www.ft.com/content/7fc36e60-ab66-4c16-bcc8-2d77e08d1a57.

第 **10** 章

快樂

快樂

＊編按：海膽可靠管足移動。

我們在生活中做出的許多決策，廣泛來說，似乎都是朝向提升我們目前或未來的快樂的。而我們怎麼定義「快樂」一詞，將會因人，甚至因整個文化而異，但即便全人類看似都共享這個共通的目標，快樂依然是所有目標中最難以捉摸的一個。

為什麼要達成經久的快樂會如此困難，背後有兩個主因。首先，我們一般來說在前提上都會受到誤導，搞錯什麼事物會讓我們快樂；第二，我們的大腦也會不斷重置標準，以防我們感受到滿足，也就是所謂的「快樂跑步機」。好消息是這兩個問題都有辦法解決，答案就落在我們先前討論過的概念中。

我們就先從一個刻板印象的情境開始吧。卡爾一輩子都認真念書，中學成績很好，並申請進了某間常春藤名校，他繼續用功讀書並獲得好成績，大學畢業後又念完研究所，他接著持續努力，領了一份好薪水、搬進一間很棒的公寓、還買了台好車。可是……可是……他並不快樂。

這是個稍嫌笨拙的例子，但仍碰觸到了某些關於快樂的常見信念。以下列表列出了我們認為會帶來快樂的一部分事物：

- 成功的求學生涯。
- 聲譽卓著的工作。
- 物質財產。
- 盡可能賺大錢。
- 跟美麗的人結婚。

然而，也許並不怎麼令人意外吧，研究顯示，事實上呢，以上事物全都不會讓我們快樂。相較之下，根據最新的研究和常識，會讓我們快樂的事物其實是：

- 享受的經驗。
- 有意義的關係。
- 團體歸屬感。
- 在工作上受到尊重及重視。
- 擁有足夠讓自己感到舒適的財富，但不會多到為之憂慮而成為負擔。

因此，提升快樂的最佳方式包括重新思考我們的目標和優先順序，接著持續重新調校我們的大腦，去欣賞我們所擁有的。而為了達成這點，我們將需要重新檢視許多相當普遍的假設。

工作

就從職涯選擇開始吧，因為我們很可能會花很大一部分時間在工作上，且在我們一生中大多數時間，這也會是我們身分組成的重要部分。改變我們對工作的觀點不容易，你很可能已經聽過這個商人和牧羊人的故事了，故事大致如下：

> 一名牧羊人在某棵樹下乘涼，這時有個商人經過，問他

幹嘛不更努力工作。牧羊人反問，既然他對現狀已感到滿意，幹嘛要更努力？商人解釋說，努力工作的話，他的牲畜數量就能增加、可以雇更多工人、賺更多錢、進一步發展事業，然後就可以退休……等到那時候，他就可以在樹下乘涼啦。

這個故事是個寓言，提醒了我們工作是通向終點的手段，而我們應該時刻謹記那個終點何在。當然啦，這背後隱藏的是非常實際的考量，例如健保給付的範圍、退休金、養家所需的花費，但重點依然顯而易見，牧羊人了解什麼能讓他快樂，並依此設立他的優先順序。[1] 這和我們許多人所感受到的種種壓力可說大相逕庭，這些壓力不斷在學業上和事業上一直推動我們，要我們在職涯上成功，並用這樣的勞動達成的成果，去買車、買房、度假。即便我們理解這些社會規範，卻可能並未發覺這類**期望**在我們的想法之中有多麼根深柢固。

話雖如此，牧羊人的生活八成也不會讓我們感到快樂啦。首先，田園生活比想像中艱辛，往往要在漫漫長夜尋找走失的羔羊，且這份工作很可能也缺乏知識上的刺激或多樣性，還需要你遠離親友，在深山裡可是很難收到手機訊號的。但是，讓人懷疑牧羊人生活並非如詩一般愉悅的真正理由，其實是人生實在太過複雜了，無法單靠工作就能定義好壞。一份工作本身並沒有好壞，而是視各式各樣的因素而定，包括你和同事的關係、你對工作有多滿意、工作包含的通勤時數和其他難處、你

的上級和客戶對你展現出的尊重及欣賞等等。某些薪水很高的工作很棒，有些則很糟糕，而薪水沒那麼好的工作也適用同樣道理。

所以，即便在類似的職業角色之間，工作滿意度仍會出現巨大歧異，且還會是以一種無法預測的方式發生。今天你可能會想像未來成為一間大型法律事務所的合夥人，和客戶共進晚餐並拿到一張超大的支票，你通常不會設想成為合夥人之前，你必須忍受好幾十年的每周工作 100 個小時。此外，你不僅僅是名律師，你會是個在 B 事務所負責 A 專業的律師，並為 D 客戶和 C 夥伴一起合作 [2]，所以根本就不可能精確想像出你的工作生活確切究竟會包含什麼。再加上，就算你能完美預測**現在的**自己會享受那個工作，你也完全沒概念**未來的**自己是否也會，而我們在預測自身的知識和情緒演化上，可是出了名的差勁啊。

引用荷馬・辛普森的名言：「教訓就是，永遠連試都別試。」我不會這麼絕對地說，但我確實認為你應該適當調整一下期望才是。找到一個超美好工作的機率並不高，加上未知變因數量眾多，使得預測何為理想工作的能力也相當有限。根據蓋洛普市調公司（Gallup）的調查，在尋找理想工作的人之中，只有不到 10％的人認為自己找到了。[3] 你或許會找到一份你愛的工作，但請把這當成一個幸運的結果，而非自我追求的終極目標。

在此加入一些歷史觀點可能會頗有幫助。是一直到晚近，對

於工作滿意度的注重才變得如此盛行，而也許期望之所以受到重置，是因為宣揚改變的網路企業家在改變世界之餘，也同時允許他們的員工邊玩啤酒乒乓，還能邊發大財吧。但在人類及人類出現以前的時代，歷史上大部分的時間，工作都屬於你日常生活中的一部分，且涉及討厭的辛勤勞動，這便是要確保你和你的家人生存所需付出的代價。我們之中的某些人足夠幸運，能夠活在一個很不一樣的世界，我們的期望在此變得更高可說頗為合理，且工作也並非和生存這麼密切相關[4]，但我們的社會依然還沒有演變得那麼先進，工作尚未成為大量快樂和滿足的來源。

我認為最棒的做法如下：

1. **反轉**這個問題，並排除那些沒人享受的工作，也就是那些缺乏人際互動、不需要原創思考、生理或心理上會非常難熬（包括需要長時間通勤，雖然最近的混合式工作風潮可能已經改善這點了）、或和你的基本信念衝突的工作。

2. 在你的工作技能發展上保持彈性，這樣就能在不同公司和角色間跳來跳去，直到找到適合自己個性和知性的好工作。專注在你的**比較利益**上，以確保你的技能是有市場的。

3. 務必記得，一般來說，工作都是不滿的來源，並避開那些需要加班，或在整個職涯發展軌跡中，需要做出其他

明顯犧牲的工作。換句話說，隨著你的經驗逐漸累積，請去找**邊際成本遞減、邊際效益遞增**的工作。

4. 不要只考量最終的目標，比如當個醫生，而是也要考慮通往該結果的路徑，像是念預科、念醫學院、當住院醫師、參加團體等等，並確保你有辦法承受達成目標所需的種種犧牲。

5. 考慮轉換職涯時，務必謹記要忽略**沉沒成本**。無論你或你的爸媽在某條職涯路徑上投注了多少金錢或時間，請記得你的未來應該要以自身的標準來衡量，而非過往的包袱。

簡言之：

由於我們根本沒辦法預測自己是否會享受某個特定的工作，而且
事實上我們極有可能也不會享受[5]，
我們其實應該假設我們並不會享受自己的工作，
並在情況實則相反時開開心心地大吃一驚。

現在給你句不負責任金句：「假設你會很賭爛，然後如果你不賭爛，那不就很棒嗎！」這句話確實準確又中肯，降低我們的期望，在此處會對我們有利。而替代的方式，也似乎是大多數人的預設方式，則是繼續努力找到一個你愛的工作，而這從

統計上來說，就是準備好讓自己過上失望的一生！

物品

廣告業非常努力地說服我們需要特定的衣著、手機、電子產品，但說真的，你的手機有讓你變得多快樂嗎？要是螢幕稍微小一點或是相機畫素低了一點，你的人生就會萬劫不復嗎？難道你不會就這麼習慣嗎？

更棘手的是，這場新產品競賽讓我們像轉輪上的倉鼠一樣瘋狂奔跑，衣服會退流行、車子迅速顯得老舊、電視也很快變成舊款。而因為人類天性就是不斷往前，你一旦買了某個產品，那你就是承諾未來也會購買其他更新也更貴的產品，以滿足這樣的衝動。

很顯然，這個方式之所以不是最棒的，背後存在財務上的原因，此外，環境永續問題現在也越發受到重視。不過，為了本章的目的，我們就聚焦在對物質財產發展出一種能讓我們把快樂最大化的態度上吧。

第一個關鍵便是不要花太多時間思考想購買哪些東西。這之所以重要，不僅是因為這些時間根本就是浪費了，也因為如同第六章所討論的，花在思考購買上的時間越多，對該購買帶來的滿足反而會越低。「選擇悖論」提醒了我們，在有太多潛在選項，且花太多時間思考這些選項的情況下，無論我們選了什麼，都極有可能會感到失望。對多數小型購買來說，做個尚屬滿意的決定就很理想了，不過對於較大規模的購買，就請記得

用上**誠摯**架構。

　　思考物品的第二個關鍵，則是把你預期得到的愉悅聚焦在少數幾樣物品上，就像近藤麻理惠建議的，找出少數幾樣「散發快樂」的物品，並專注在這上面就好，然後斷捨離掉其他的。[6]當然，有許多物品完全是實用取向，並在你的生活中扮演要角的，比如指甲剪和鍋鏟，你的人生不會因為這些物品而增色，但要是沒有的話確實會很麻煩。然而，目標是要把這些物品視為通向終點的手段，並且不要在選購上投資太多時間、金錢或情感。同理，做個尚屬滿意的選擇就好了。可以享受 1 件格外柔軟的毛衣，但不要一次買 4 件，或是花太多時間掙扎哪個顏色比較適合你。

　　第三個關鍵是要記得隨著時間經過，你幾乎肯定會失去對於物品的興趣。要是你在購買時能記得這點，並想像未來的自己對這些東西厭煩，你就不會覺得有這麼重要了，而這也能協助降低在其他人的玩具比你還要閃亮時，你所感到的嫉妒。

　　最後，記得你當初買這些東西的原因，你真的需要它們，甚至想要它們嗎？如同一位財經記者所說：「我們用我們掏不出的錢買東西，好取悅我們不喜歡的人。」[7]試著少做這樣的事吧！

健康和睡眠

　　擁有健康的生活方式，固定運動、合理的飲食習慣、良好的睡眠，不僅能讓你長壽，也能讓你快樂。我們在第 2 章中已經

討論過**身心連結**了，即你的生理活力會影響你的心理健康，反之亦然。然而，對許多年輕人來說，健康是件理所當然的事，尤其是當特定影響的負面後果還要再過幾十年才會感受到時。即便健康本身並不會帶來快樂，不健康卻是不快樂的一大主因，也就是說，對快樂而言，健康是「必要」條件，卻非「充分」條件，因此，以預測性的「假如」方式，來考量不健康對我們快樂的影響，可說十分重要，如同本章稍後將會討論的。例如，要是你在沒人協助的情況下連 1 公里都走不了呢？這將如何影響你的快樂？肯定會減少很多吧。

「深呼吸」和「冥想」逐漸獲得重視，也有越來越多人參與，再加上各種容易上手的應用程式，實踐起來更加靈活。雖然冥想不一定適合所有人作為固定習慣，卻是個非常值得考慮的方式，能夠讓你的身心冷靜下來。高度的壓力和隨之而來的壓力荷爾蒙可能會損害你的身體，並導致各種生理及心理疾病。深呼吸和冥想有助於降低壓力，因為深呼吸會向大腦傳輸「冷靜下來吧，四周沒有立即危險」的生理訊息，所以，大家都該試試看冥想。冥想比較難持之以恆，但深呼吸卻是件我們都能做得到，且也應該固定去做的事。你何不現在就深呼吸個幾下呢？真的，現在就試試，我等你。

睡飽會讓你的身心狀態都更好，能使你在白天保持警醒，也能幫助你做出更好的決策。此外，長期的睡眠不足可能會讓你折壽[8]，這是真的：每晚睡不到 5 小時，可能會讓死亡風險上升 15%[9]！這背後的機制還不太清楚，但合理的推測是，若睡

眠是大腦用來修復醒著的時候所造成的損害的方式，那麼長期缺乏這樣的修復時間最終會對健康造成損傷。

最後，你也應該記得人類畢竟是動物，因而和自然界擁有強大且重要的連結。這包含了運動和大致的身材維持，這讓你能保有良好的身心健康，只是有時候可能還是需要一點**活化能**，才能把你拖離沙發，找個運動好夥伴就是個克服這個煩惱的好方法。更廣泛一點來說，各種戶外活動，像是健行、散步、游泳，都能提醒我們這樣的連結，並滋養我們的靈魂[10]，沒有什麼比營養不良的靈魂還更令人難過的了！

感激明確化

我們在第 4 章的**邊際成本**段落已經討論過心靈是怎麼藉由習慣化，去適應環境的，並需要更大的刺激才能產生相應的反應。而在關於**期望**的討論中，也提到了類似的事情，以及事實上是由相對的成果，而非絕對的成果，在整體上才會讓我們感到快樂或沮喪。不幸的是，人類的大腦也是用同樣的方式去處理快樂的，讓我們快樂的事物很快就會變得理所當然，因為我們的大腦會強迫我們在自己爬上去的快樂跑步機上跑得更快。[11] 幸好，而且也有點詭異的是，要騙過我們的大腦，用相反的方式運作，其實也沒那麼困難，只要提醒自己我們有多幸運，且我們因此應該要有多快樂即可。

這背後的方法論要歸功於斯多葛學派，大約西元前 300 年的一群希臘哲學家。他們其中一個目的，便是要藉由冥想、練習

心靈平靜、負面具象化等心靈活動，來提升自身的快樂，而我們此處要關注的就是最後一個方式。

負面具象化涉及一個極度可怕的過程，要想像某種最最悲慘的情境，比如你的家人奄奄一息、你的身體被嚴重疾病摧殘、活在一個末日後的世界等等，之後提醒自己，事實上，這並非你的現實。換句話說，你是在強迫你的心智去重置你對自己享受的所有好事所感受到的感激，並用一種煥然一新的態度去欣賞。不可否認，這麼做感覺有點奇怪，但要是你試試看，你就會驚訝發現這還真的有用。

這個方法另一個稍微沒那麼有攻擊性的形式，就是每天製作一張感恩清單來練習感激，撰寫「感恩日記」在這點上也很有幫助，且在你最喜歡的電商網頁上也有很多已經事先印製好的選擇可供購買，你的手機上也有各種應用程式。就連做一些小事，比如慢慢咀嚼食物以好好品嘗，或是隨機讚美朋友或陌生人，都能改善你的心理狀態及提升整體上的快樂。

斯多葛學派的另一項練習，是去理解人生中的許多部分都超乎我們掌控。生命千迴百轉，而有時「壞事就是會發生」，因此，最好不要因為堅持某條路線而對自己施加不必要的壓力。有本童書叫《禪的小故事》（*Zen Shorts*）[12]，收錄了幾個禪宗公案簡化版，而本書是我的孩子們年紀比較小的時候，最愛朗讀的讀物。[13] 其中一個故事述說一位農夫經歷了一連串有好有壞的人生經歷，而在每次事件發生後，他的鄰居都會驚呼：「真好運啊！」或「真倒楣啊！」農夫本人則是泰然自

若、冷靜沉著，每次都回答：「也許吧。」結果每次看似是好消息的事件，實則都是壞消息，反之亦然。

生命是一趟旅程，在當下未必能立即判斷哪些發展是有利的，那些又會帶來損害。輕鬆得來、不勞而獲的成功，未來可能會為你帶來一輩子的失意沮喪，如同許多樂透得主所體悟的。[14] 與此同時，暫時的挫敗也可能揭開全新機會或進步之道，甚至有可能會成為你人生中最棒的事。

這也是為什麼記住並應用**觀點**這個概念非常重要。你如何看待某件事物，有可能就跟那件事物本身同等重要，盡量以樂觀的角度看待事情，並記得不要太過重視任何特定的事件，因為隨著時間的推移，其重要性也會慢慢淡化的。

社會連結

人類是社會性生物，會從歸屬於某個更大的團體中獲得能量和滿足。這類連結，來自和朋友、家人、同事、興趣團體的互動、或志工活動，提醒了我們自己是屬於更大整體不可或缺的一部分。培養這些連結，並欣賞我們擁有的關係，也可說非常重要，請珍惜你的友誼，並努力維護及滋養，這對過上快樂又完滿的人生來說極度重要。

回到先前的**需求金字塔**上，我們可以在中段找到「愛與歸屬」，換句話說，這樣的歸屬感對於心理健康的基礎來說至關重要，僅次於安全感之後。而擁有這樣的支持，也讓你能夠去應對位於金字塔更高處的某些自我實現目標。

相較之下，社會互動中也有某些層面會導致不快樂，因而需要避免。人類當初演化出嫉妒的目的，可能是要鼓勵個體去追求社會地位，以進一步鞏固權力和基因血脈。在動物王國中，公象鼻海豹會努力占據社會金字塔的最頂端，即成為「海灘之王」，而體型小上許多的公海豹，也會運用牠們對海灘之王的嫉妒，來驅策自己長得更強壯。因為「海灘之王」是唯一能夠跟高達 100 頭母海豹組成的後宮交配的雄性，所以肯定醋意橫飛，八成也有很多海豹頗為鬱卒啦！

另一個相關的概念則是錯失恐懼症，這根植於我們身在某個團體中，卻擔心其共享的經驗會在少了我們的狀況下形成所帶來的焦慮。理論上，無法成為集體記憶的一部分，會讓我們和團體疏離，而這可能也會影響到我們自身的地位和生存。不過在現今的世界中，和實際可能造成的社交利益或傷害相比，你的感受其實更有可能是過度誇大了，我們的快思腦太過強調這類考量了，因此我們必須刻意去淡化這些衝動，以重拾平衡。

比較利益和時間

時間很寶貴，因此我們時常必須放棄自己想要從事的各種活動。以前有句話是這麼說的：「家人、朋友、事業、運動、睡眠，在其中選三個吧，因為你不可能五者皆得。」[15] 對每個人來說，所謂的工作與生活平衡都歧異甚大，話雖如此，只要記得這並不真的是個**零和遊戲**，就可以最小化其中的取捨了。比如說，混合式工作時程的出現，就將重新運用冗長的通勤時間

化為可能，並提高工作的彈性，可以因為育兒或醫療需要而待在家裡。

我們也可以更有效率的方式運用時間，以釋放出空閒時間來追求其他事物。其中一個方式，就是應用**比較利益**的模式，將特定的例行公事，例如打掃、烹飪、遛狗、洗衣外包出去，便能釋放出珍貴的時間，去從事其他活動，即便這麼做好像很自我放縱，背後其實可能存在合理的經濟基礎。假如洗衣服務能使用更大的洗衣機以及生產線的方式，一次洗完大量的衣服，而且比你更快又更便宜，那幹嘛不好好善用這樣的套利呢？假如準備過程將榨乾你寶貴的一小時時間，那自己煮飯的**機會成本**也輕輕鬆鬆就能超越外帶食物的成本。所以說，在合理且不超出預算的情況下，可以藉由外包消耗大量時間的特定活動，來最大化你花在生產性及娛樂性活動上的時間。

在這個脈絡之下，思考一下你生活中的各式**瓶頸**，也會帶來不少啟發。你的資源在哪些領域或活動上是受限的？可否做出某些微小改變，使整體上獲得巨大進步呢？比如，你是否打字很慢，因此花費過多時間在準備報告上？可以考慮去上個線上速打課，或是使用口述軟體。你早上是不是沒辦法決定要穿什麼，害你上班遲到呢？那也許你應該把你的衣櫃縮小到只剩幾個選項，就跟祖克柏一樣。

心理健康

在現代世界中，焦慮、憂鬱和其他心理障礙似乎更為普遍，

或至少更常被診斷和處理。又稱 CBT 的認知行為療法便是個相當有效的治療方法，該療法教導人們如何重新框架他們的負面想法，接著運用各式技巧去反制。事實上，這種方法讓人們能夠控制自己的心智，並以理性的視角處裡各種自我毀滅行為，而這正是有效心智模型的精髓！

充斥在我們人生中的許多負面感受，都是非理性或不成比例的，認知行為療法在幫助我們理解、解釋並改善某個難熬的情況，或讓自己脫離惡性循環，是非常有用的。雖然我並不會在此深入討論認知行為療法的理論或機制，但如果你認為這可能幫得上忙的話，我也鼓勵你去尋求專業協助，本書書末依然羅列了幾個網站，可以讓你大致認識一下這樣的療法。

我認識許多人都從認知行為療法上獲益，而我認為這很值得考慮。更廣泛來說，這種療法對於數百萬人有效的這個事實提醒了我們，我們的心智雖有缺陷，卻也是可塑的，稍稍努力一下就能改善心智的運作。

暫時的快樂

「快樂」是個很廣泛的詞彙，而將其視為一種單一的組成並不會有幫助。詳細來說，我們做出的許多決定都會讓我們在短時間內感到快樂，像是幾小時、幾天、幾周，但在長期卻會不快樂，比如幾個月、幾年、幾十年，反之亦然。你可以決定不管某件工作的死線，晚上和朋友出去玩，這會增加你當晚的快樂，但可能也會造成一大堆後果，尤其是如果你太常這麼做

的話，很可能就會導致未來的快樂程度降低。極端的例子則是，嘗試海洛因可能會讓你超爽好幾個小時，但將會對你餘生的快樂造成負面影響。

就像「現金流量折現法」，我們也得接受今日的快樂和明日的快樂之間的代價。大致上來說，我們應該要欣然犧牲一部分今日的快樂，以便在明日享受更多快樂，這稱為「延遲滿足」，只要我們選擇待在家裡準備考試，而非去朋友的派對，我們就是在延遲滿足，以提升未來的快樂。然而，要在其中達成平衡的過程因人而異，雖然我們不想完全無視未來，但也不想以現在為代價，替未來而活。

另一個相關概念，是心理學家所謂的「高峰終止定律」。大腦在形成某經驗的記憶時，通常只會捕捉極端值以及最終的心智快照，而非一整組完整的感受。這是因為過多的資訊對生存來說並沒有特別有用，甚至會讓我們不勝負荷。所以，要是回想你上次去度假，你不會記得假期的每一天，而是會記得高潮時刻、低潮時刻、以及你在結束時的感受，包括精力充沛、放鬆、失望、疲憊等等。[16] 在較小的規模上，你在吃一塊巧克力蛋糕時，也只會記得最後一口而已，而非之前的好幾十口，因此，多吃幾口通常不值得，因為你大部分並不會記得，但卡路里會留下！整體說來，要是你試圖最大化回憶的幸福感，那你會採取和專注當下不同的行為。[17]

藥物、菸、酒精

你應該早就知道啦：藥物和酒精不僅不會讓你快樂，還有潛力會讓你不快樂到不行。適量的話，兩者都能促進社會互動，這是正面的結果，但兩者也都能導致非常負面的社會互動，而其中某些可能會影響你一生，更糟的是，過量的藥物和酒精，將使你和你身邊眾人的人生大脫軌。然而，這類物質本身的成癮性，卻使得過量攝取成了非常普遍的結果。

葛蘭特研究（The Grant Study）是一項心理學研究，於 1938 年展開，對象是 268 名哈佛學生 [18]，他們清一色是男性，但背景各異，且職涯也囊括美國總統，也就是甘迺迪，到各種大多數屬於白領階級的中產階級職業。這項研究目前仍在持續進行當中，現已累積超過八十年的資料，有關是什麼原因能通往快樂、幸福、完滿的人生，研究的主要結論如下：

1. 穩固的關係不可思議的重要，可參見先前討論社會連結的段落，研究主持人是這麼說的：「快樂就是愛。」
2. 攝取酒精及菸草是不快樂最巨大的單一預測指標。

現在，回到**因果 VS 相關**的討論，我得先承認，以這種不快樂來說，酒精可能是症狀，而非其根本原因。話雖如此，根據研究人員的觀察，酒精似乎在絕大多數情況下是主要原因。此外，酒精和菸草對快樂的影響是雙重的，除了傷害健康，還會對人際關係帶來情感上的損害。就讓我們把這兩點也加入為何

只應適量享受酒精及菸草的理由列表中吧！

融合所有因素

總而言之，要最大化你的快樂，你應該：

- 減少在不太可能會讓你快樂的活動上投注時間和精力，包括找到完美的工作、積累財務、嗑藥喝酒、進行冗長無聊的任務。
- 多多在很有可能會讓你快樂的活動上投注時間和精力，像是新的體驗、社會互動、有益的興趣。
- 在日常生活中融入正向思考及感激明確化，以維持適當的脈絡及觀點。
- 重視身心健康，多出去戶外走走，也可以運用認知行為療法，來跨越情緒上的障礙。

所以，我們就有另一組縮寫可以加到武器庫裡啦：

減少（**Reduce**）壞事。

增加（**Increase**）好事。

脈絡（**Context**）是關鍵。

健康（**Health**）比有錢還棒。

到了這時，你也可以**刻意暫停**一下，想想你在快樂上是否**富**

足（**RICH**），或者是否可以減少壞事、增加好事、加入脈絡或改善健康。回到我們在這個架構中探討的第一個重點，**刻意暫停，再思考**，想想你的工作與生活平衡是否適當，或你的優先順序是不是應該要調整改變一下。這些都是只有你本人才有辦法回答的問題，但是拜託、拜託、拜託，千萬要記得回答啊！

注釋

1. 話是這麼說，我確實很懷疑他有沒有健保。
2. 我聽說 C 夥伴是最糟糕的！
3. 參見瓊恩‧克里夫頓（Jon Clifton）的《盲點》（*Blind Spot*，暫譯）一書，他是蓋洛普市調公司的執行長。
4. 會閱讀這本書的人，有頗高比率屬於這種人，但以全人類來看，比率其實低很多。
5. Susan Adams, "Unhappy Employees Outnumber Happy Ones by Two to One Worldwide," *Forbes*, October 10, 2013, https://www.forbes.com/sites/susanadams/2013/10/10/unhappy-employees-outnumber-happy-ones-by-two-to-one-worldwide/#5a4922c8362a.
6. 參見近藤麻理惠的《怦然心動的人生整理魔法》一書。
7. 參見戴夫‧拉姆齊（Dave Ramsey）的《躺著就有錢的自由人生》（*The Total Money Makeover*）一書。
8. "Consequences of Insufficient Sleep," Healthy Sleep at Harvard Medical School, http://healthysleep.med.harvard.edu/healthy/matters/consequences.
9. 諷刺的是，你依然可能因為睡眠不足死在睡夢中！
10. Simon Worral, "We Are Wired to Be Outside," *National Geographic*, February 12, 2017, https://www.nationalgeographic.com/news/2017/02/nature-fix-brain-happy-florence-williams/.
11. "Hedonic Treadmill"，維基百科，最後修訂日期 2022 年 11 月 21 日，https://en.wikipedia.org/wiki/Hedonic_treadmill。
12. 參見強‧穆特（Jon Muth）《禪的小故事》一書。
13. 至少是我孩子們的父母們最愛朗讀的讀物啦。
14. Melissa Chan, "Here's How Winning the Lottery Makes You Miserable," *Time*, January 12, 2016, https://time.com/4176128/powerball-jackpot-lottery-winners/.
15. Jessica Stillman, "Work, Sleep, Family, Fitness or Friends: Pick 3," *Inc.*, February 3, 2016, https://www.inc.com/jessica-stillman/work-sleep-family-fitness-or-friends-pick-3.html.
16. 行為心理學之父之一的丹尼爾‧康納曼就非常相信這套說法，深信

到要是他非常享受的話，他還會提早結束假期呢，以便能夠保留這樣的高峰記憶。

17. 比如，你會拍好幾百張照，而非好好享受當下。

18. 參見羅伯特·沃丁格（Robert Waldinger）、馬克·修茲（Marc Schulz）的《美好人生：史上最長期的哈佛跨世代幸福研究，解答影響一生最重要的關鍵》（*The Good Life: Lessons from the World's Longest Scientific Study of Happiness*）一書。

珍 重 再 見

　　希望你有享受這趟旋風式的心智模型之旅，如同前言所述，我的期望是本書能提供這個主題的快速入門，並闡釋相關的重要概念及架構，讓你能夠思考得更透徹、決策得更有效率、並變成一個更快樂的人。

　　要是你想繼續這趟心智模型之旅，那很棒！我很開心能喚醒有關這個主題的求知欲，也提供了一份又棒又長的深入閱讀推薦書單。假如這是你這輩子最後一本會讀的心智模型書籍，那也很讚！我很開心我能用一種如此令人心滿意足的方式，涵蓋了各種基礎，讓你覺得不需要再繼續深入了。而要是你痛恨這本書，也請通知我，我會把我賺到的版稅錢退給你，但我誠摯希望事情不是這樣。

　　以下是這一路上我提到的專有名詞及縮寫，供你參考：

認知偏誤	決策	學習	快樂
自尊	尚屬滿意	誰？	減少壞事
故事而非數據	資訊	什麼？	增加好事
理智斷線的判斷	縮小	哪裡？	脈絡是關鍵
	清單	何時？	健康

認知偏誤	決策	學習	快樂
	期望	為何？	
	後悔	如何？	
	擁抱情緒		

　　有關投資及理解的深入討論，你也應該記在腦海深處，當你面對某個情況，需要更加謹慎地**刻意暫停，再思考**時，就把這些討論調出來參考吧！

　　感謝你的閱讀，祝你一切順利！

傑米・萊斯特

紐約

2024 年

練 習 解 答

身心連結

1. 這就是上述所謂的身心連結！

2. 不算，因為痛苦是種相當珍貴的訊號傳遞機制，也應該
   要以這種方式理解才對。

3. 這指的是在長時間運動後釋放出的腦內啡。

效益主義

1. 把所有數字都加起來，數字最低的就是最好的選擇，保
   齡球 8 分、乒乓球 9 分、看電影 7 分。

2. 選項 A 似乎有點怪怪的，但其他選項全都頗為合理。

3. 試著用你手邊有的錢獲取最多的營養吧，想辦法讓每一
   塊錢能買到最多的卡路里，特定的營養則是越少越好，
   最好是去買一堆豆子跟義大利麵！

需求金字塔

1. 這題有一堆合理的答案，智慧型手機一定是其中之一
   啦！

2. 要不是無法解釋，不然就是他們找到方法，可以縮減自

己的基本需求，不像其他人需求那麼大。

3. 許多人確實會因為極度專精特定活動而感到滿足，但數據八成不會支持這個假定。

己所不欲，勿施於人

1. 「別打巴比，因為換作是他打你，你也不會喜歡的。也不要搶巴比的點心，因為如果他搶走你的，你也不會喜歡的。」

2. 這可能會很挫折，因為假如只有你遵循，其他人不遵守的話，那他們可能會占你便宜，這跟所謂的「搭便車」問題不同，不過就算這樣，你還是應該要遵循「己所不欲，勿施於人」啦！

3. 許多價值觀都蠻像的，像是生命的神聖性，但其他價值觀則不然，比如個人至上 VS 群體優先。

互惠

1. 你覺得爽怎麼做，就怎麼做，但不要覺得自己有義務要給他任何東西，又不是你主動說要那個小廢物的！

2. 拒絕！一碼歸一碼，你已經把欠的錢還給她了。

3. 如果是透過互惠的濾鏡來檢視這件事，同時也記得酒精會損害判斷力，那我們通常都能同意，這個社會規範應該要好好重新思考才對！

奧坎剃刀

1. 不需要，這有壓倒性的機率是因為使用過度造成的疼痛。

2. 電腦的算力花錢又耗時，所以越簡潔越好。

3. 答案是最後一個，而對學生來說很不幸的是，老師可不是笨蛋！

反轉

1. 行銷部門可以自問所有會疏遠顧客、傷害品牌、貶低產品的行銷宣傳方式，然後，再確保自己千萬不會這麼做。

2. 你一旦了解特別麻煩的雷區之後，就能多多注意，移除潛在的失敗因素，將會提升成功的機率。

3. 聚焦在投資回報上可說頗為常見，但是刪減不必要的開銷，其實才是更容易也更有可能獲利的方法，這類開銷便包括卡債、銀行手續費、不會賺利息的現金存款、不必要的家庭開銷等等。

觀點

1. 這個簡單的行為會重塑觀點，以專注在情境的正面層次上，而非負面層次。

2. 期望通常會決定快樂和滿足的程度，而這又會回饋到你的觀點和對情境的詮釋。

3. 了解公司不同階層員工的觀點，能夠揭露有關公司文化和內部運作的種種重大優缺點。

期望

1. 有可能是因為 A：大家本來預期收入會暴跌超過 50％、B：特斯拉讓大家期望未來會獲利、C：其他的衡量標準讓投資人很興奮。
2. 這個例子闡釋了快樂是受到相對的期望所形塑，而非絕對的結果。
3. 降低或說「管理」期望，這樣就能超出所望。

風險 VS 獎勵

1. 這又是有關期望值，第一筆投資是更棒的投資，因為是 137.5 元對上 100 元。
2. 學費以及念書時無法去工作的機會成本。
3. 你的朋友對於這筆投資獎勵和風險的計算方式可能不同，此外，大家也都擁有不同的偏好，且對風險和獎勵，也有不同的定義和看法。

複利

1. 1.12^{10}，即 311 元。
2. 因為假如這是真的，年輕的投資人只要當時投資 1,000 美元在股市，那等到退休時就可以拿回 5 億元，用膝蓋想都知道！
3. 不同的概念可以彼此堆疊累積，所以應用在先前擁有的知識上時，新學會的事物也能帶來更深度的理解。

清單

1. 食譜、雜貨／行李清單、待辦事項清單。

2. 假如你無法簡化某件事，那就把這件事分成一個一個小部分。

3. 記憶法、清單應用程式、或用馬克筆寫在手心。

冗餘

1. 打包多功能的衣物，像是雙截式長褲和多層式衣物。

2. 蓋在一個不易發生地震，也不會有停電問題的地方，但最理想的狀況，還是至少要有兩個地點。

3. 因為他們很可能在某個時刻都會遇上這樣的狀況，接著就得借錢來支付了。

回饋循環

1. 假如是真的：因為投進球，所以球員會更有信心、更有能量、更專注，所以就會投進更多球。如果事實並非如此：投進球後，球員會自我感覺過度良好，開始漫不經心，所以投丟球。

2. A 選項正確、B 選項錯誤、C 選項是回饋循環沒錯，但這並不會帶來好處，你去問我家過胖的狗狗 Coco 就知道了！

3. 規定每個球員盤球的時間都要比前一個人還久一秒。

活化能

1. 這視許多因素而定，包括化學催化劑的成本、時間急不急迫等等。
2. 你可以請朋友來載你、幫自己制定某種獎懲機制、或乾脆退訂 Netflix。
3. 也許吧，但這並不是最理想的，而且最好不要過度依賴咖啡因。

選擇 VS 結果

1. A：壞選擇／好結果、B：壞選擇／好結果、C：好選擇／壞結果、D：壞選擇／壞結果、E：壞選擇／好結果。
2. 這是個壞選擇，卻帶來好結果。
3. 因為好選擇，還是可能帶來壞結果。

槓桿

1. 海綿以外的一切，是說，這個詞拿來當樂團的名字還蠻有趣的，對吧？
2. 房價變成了 1 倍，從 100 萬變成 200 萬，而你的淨值則是變成 6 倍，從 20 萬變成 120 萬。
3. 可以用你公司的卡車一併運送飲料。

沉沒成本

1. 不，你應該把原本的票送人或拿去賣，但就算沒辦法處

理掉，你還是應該去看第二場表演才對。

2. 不，可以給別人、打包晚點吃或直接扔掉。

3. 不一定，要是拿 A 很重要，那就換題目，否則的話，就盡量把報告寫好，並搞清楚下次怎麼避免犯下同樣的錯誤。

期望值

1. 稅前 -0.5 元。

2. 2,500 元：5,000 元的額外成本，因為是 20,000 元的租車費，加上 35,000 元的買車費，再減去 50,000 元直接買車的費用，然後乘以 50%的買車機率。

3. 你會省下 1 個小時：是 3 小時比上 4 小時。而你會花 48 元的油錢，不是 36 元，再加上 10 元的超速罰單期望值，所以省下來的那個小時期望值是 22 元。

誘因

1. 不是，因為他會把房間搞得更亂，好拿錢打掃。

2. 不是，有時候把重點擺在誘因上，就只是不適合，因為這完全搞錯了當志工的意義！

3. 假如某一周工作 80 小時，接著休假一周，這樣比起同樣的工時正常工作兩周，還可以賺到更多加班費呢。

邊際效益遞減

1. 冰淇淋也會出現邊際效益遞減的現象，所以你總會吃膩的。

2. 大家已經獲得更大螢幕的好處了，其他功能就沒這麼重要了。

3. 因為煮麵所需的時間是固定的，所以他只收義大利麵的額外（邊際）成本。

協商

1. 有很多種方式，其中一種就是胡安跟昆恩互換 Mounds 和 Kit Kat 巧克力。

2. 你老闆可以允許你先離開去接小孩，然後再回來上班、遠距上班、或是改成早七午三的工作時間，而非朝九晚五。

3. 你可以跟他獅子大開口，要價 5,000 萬美元，因為不這樣的話，他就血本無歸了，這招在房地產業界稱為「趁火打劫」。

比較利益

1. 要，假如你找不到更便宜的人的話。因為對你來說，這樣還是比較有效率，你應該繼續去工作，而非把時間花在打掃家裡上。

2. 對球隊來說，是。因為他的最佳比較利益落在當守門員

上，對托比本人而言，也許吧，視他有多喜歡當守門員
而定啦。

3. 藉由專心發展沒那麼競爭的技能和住在沒那麼競爭的地
區，來獲得比較利益，以贏過其他大學申請者。

賽局理論

1. 沒人會拿到半毛錢的，因為要協調所有人實在是太困難
了，而且至少會有一個人想要作弊。

2. 你可以和另一個競標者串通，把競標價格壓到最低，然
後扔硬幣決定最後誰拿到畫。

3. 你可以把你的方向盤拔掉，呈現出一個「可信的保
證」，表示你不會轉彎。

網路效應及規模經濟

1. 宗教、政黨、運動聯盟、網際網路標準。

2. 變得太大的投資基金，無法投資較小的公司、因為規模
而招致政府監管的企業、大型的官僚機構也會反應緩慢。

3. A：兩者皆非，也許算是小型的規模經濟吧、B：規模經
濟、C：網路效應、D：兩者皆非。

逆選擇及道德風險

1. 這樣的話就只有健康到能爬樓梯的人會買，要是之後真
的有需要醫療照護，那保險公司很可能就不用付那麼多

錢。

2. 可以提供擔保、請其他顧客現身說法、或花錢請公正第三方來檢驗。

3. 不該，因為手機八成沒辦法用，而且還可能是贓物！

瓶頸

1. 再買一台削鉛筆機，以跟上鉛筆機的產量。

2. 多惡補文意理解，也念一下單字。

3. 當然是去練左手上籃啦！

相關 VS 因果

1. 蟲子不喜歡高溫，要是宿主發高燒，就會離開那個人的身體，所以因果其實是顛倒過來的。

2. 也許吧，但也有可能是因為近視是遺傳的，搞不好視力差的家長，就是需要開著燈看書啊。

3. 不該，這最有可能是因為越熱就會越多人去游泳，這兩者之間存在相關，不過說實在的，真的應該立法禁止販售特定口味的冰淇淋，尤其是泡泡糖口味的！

統計顯著

1. M&M 巧克力總共有 6 種顏色，約呈等比例分布，因而從一堆標準的 M&M 中拿出 5 顆紅色的機率約為 ⅙×⅙×⅙×⅙×⅙，即 1/7800，所以說，他還是有可

能是對的。又或許罐子裡裝的是耶誕節的 M&M 組合，只有紅色和綠色，這樣的話，5 顆都是紅色的機率就是 ½×½×½×½×½，即 1/32，這個情況明顯更有可能。

2. 該研究有可能是正確的，但是需要更多數據才能得出結論，因為這很有可能就只是出於隨機變因。

3. 沒有結論，因為樣本規模實在是太小了，再加上你一開始就不應該有刻板印象才對！

平均回歸

1. 基金表現很可能會回歸平均，這表示之後的表現會頗為低迷，所以別買。

2. 最好是什麼都別做，因為身體在校正的過程中，就會自然而然甩掉這些肉了。然而，想要大幅減重的話，那你就必須限制卡路里的攝取，不管有沒有借助減肥藥的幫助都是。

3. 接下來會出現很多點數大的牌，這對閒家有利，因為莊家通常更容易「爆」，所以你應該要加注。話雖如此，這其實並不是平均回歸啦，而是機率。

相關資源及推薦閱讀書單

認知偏誤

Ariely, Dan. *Predictably Irrational*. New York: HarperCollins, 2008.

Berger, Jonah. *Invisible Influence*. New York: Simon & Schuster, 2016.

Bevelin, Peter. *Seeking Wisdom: From Darwin to Munger*. Malmo, Sweden: Post Scriptum, 2007.

Brockman, John, ed. *This Will Make You Smarter*. New York: Harper Perennial, 2012.

"Cognitive Biases Books." Goodreads, accessed April 8, 2023. https://www.goodreads.com/shelf/show/cognitive-biases.

Desjardins, Jeff. "24 Cognitive Biases That are Warping Your Perception of Reality," Visual Capitalist, November 26, 2021. https://www.visualcapitalist.com/24-cognitive-biases-warping-reality/.

Dobelli, Rolf. *The Art of the Good Life*. New York: Hachette, 2017.

Dobelli, Rolf. *The Art of Thinking Clearly*. New York: Harper, 2014.

Dwyer, Christopher. "12 Common Biases That Affect How We Make Everyday Decisions," *Psychology Today*, September 7, 2018. https://www.psychologytoday.com/us/blog/thoughts-thinking/201809/12-common-biases-affect-how-we-make-everyday-decisions.

Easterly, William. "Michael Lewis's 'Brilliant' New Book About Cognitive Bias," *Wall Street Journal*, December 5, 2016. https://www.wsj.com/articles/michael-lewiss-brilliant-new-book-about-cognitive-bias-1480982097.

Fine, Cordelia. *A Mind of Its Own*. New York: Norton, 2008.

Gilovich, Thomas. *How We Know What Isn't So*. New York: Free Press, 2008.

Harford, Tim. *The Undercover Economist*. New York: Oxford University Press, 2006.

Kahneman, Daniel. *Thinking Fast and Slow*. New York: Farrar, Straus and Giroux, 2011.

Kaufman, Peter, ed. *Poor Charlie's Almanack*. Marcelline, MO: Walsworth, 2005.

Lagnado, David. *Explaining the Evidence*. Cambridge: Cambridge University Press, 2021.

Levitt, Steven, and Stephen Dubner. *Think Like a Freak*. New York: William Morrow, 2014.

McRaney, David. *You Are Now Less Dumb*. New York: Gotham, 2013.

Thaler, Richard. *Misbehaving*. New York: Norton, 2015.
"20 Best Cognitive Biases Books of All Time." Bookauthority, accessed April 8, 2023. https://bookauthority.org/books/best-cognitive-biases-books.
"25 Cognitive Biases," accessed April 8, 2023. http://25cognitivebiases.com/.
Weinberg, Gabriel, and Lauren McCann. *Super Thinking*. New York: Portfolio, 2019.

期望值

"Mean (Expected Value) of a Discrete Random Variable." Khan Academy, accessed April 9, 2023. https://www.khanacademy.org/math/ap-statistics/random-variables-ap/discrete-random-variables/v/expected-value-of-a-discrete-random-variable.
Starmer, Josh. "Expected Values, Main Ideas!!!" StatQuest on YouTube, accessed April 9, 2023. https://www.youtube.com/watch?v=KLs_7b7SKi4.

身心

Haidt, Jonathan. *The Righteous Mind*. New York: Pantheon, 2012.
Keyser, Hannah. "A Brief and Bizarre History of the Baby Cage." Mental Floss, June 24, 2015. http://mentalfloss.com/article/65496/brief-and-bizarre-history-baby-cage.
Reuben, Aaron. "The Incredible Link Between Nature and Your Emotions." Outside, June 11, 2019. https://www.outsideonline.com/2397694/nature-mental-health.
"Sour Mood Getting You Down? Get Back to Nature." Harvard Health Publishing, March 30, 2021. https://www.health.harvard.edu/mind-and-mood/sour-mood-getting-you-down-get-back-to-nature.

機率

Online courses on productivity are found here:
https://www.coursera.org/learn/introductiontoprobability.
https://www.edx.org/learn/probability.
https://www.khanacademy.org/math/statistics-probability/probability-library.
Ellenberg, Jordan. *How Not to Be Wrong*. London: Penguin, 2014.
Rumsey, Deborah. *Probability for Dummies*. Hoboken, NJ: Wiley, 2006.

決策

Duke, Annie. *How to Decide*. New York: Portfolio, 2020.
Duke, Annie. *Thinking in Bets*. New York: Portfolio, 2018.
Einhorn, Cheryl Strauss. *Problem Solved*. Wayne, NJ: Career, 2017.
Goldsmith, Marshall. *The Earned Life*. New York: Currency, 2022.

Grant, Adam. *Think Again*. New York: Viking, 2021.
Hardy, Darren. *The Compound Effect*. New York: Hachette, 2010.
Heath, Chip, and Dan Heath. *Decisive*. New York: Currency, 2013.
Koch, Richard. *The 80/20 Principle*. New York: Currency, 1998.
Konnikova, Maria. *The Biggest Bluff*. London: Penguin, 2020.
Mauboussin, Michael. *Think Twice*. Boston: Harvard Business School Publishing, 2009.
Neuwirth, Peter. *What's Your Future Worth?* Oakland, CA: Berrett-Koehler, 2015.
Parrish, Shane. *Clear Thinking*. New York: Portfolio, 2023.
Plous, Scott. *The Psychology of Judgment and Decision Making*. New York: McGraw-Hill, 1993.

學習方法
刻意練習

Clear, James. "The Beginner's Guide to Deliberate Practice." Jamesclear.com, accessed April 10, 2023. https://jamesclear.com/beginners-guide-deliberate-practice.
Colvin, Geoff. *Talent Is Overrated*. New York: Portfolio, 2008.
Coyle, Daniel. *The Talent Code*. New York: Bantam, 2009.
Eliason, Nat. "45 Deliberate Practice Examples for Rapidly Improving Your Skills." Nateliason.com, July 3, 2017. https://www.nateliason.com/blog/deliberate-practice-examples.
Ericsson, Anders, and Robert Pool. *Peak*. Boston: Mariner, 2017.
Gladwell, Malcolm. *Outliers*. New York: Little, Brown, 2008.
"How to Master New Skills with Deliberate Practice." BBC Worklife, March 18, 2019. https://www.bbc.com/worklife/article/20190318-how-to-master-new-skills-with-deliberate-practice.
Syed, Matthew. *Bounce*. New York: Harper Perennial, 2011.
Waitzkin, Josh. *The Art of Learning*. New York: Free Press, 2007.

發散式思考 VS 集中式思考

Cleese, John. "Creativity in Management." YouTube, June 21, 2017. https://www.youtube.com/watch?v=Pb5oIIPO62g.
Hunt, Andy. *Pragmatic Thinking & Learning*. Dallas, TX: Pragmatic Bookshelf, 2008.
Newport, Cal. *Deep Work*. New York: Hachette, 2016.
Oakley, Barbara. *A Mind for Numbers*. New York: Penguin, 2014.
Oakley, Barbara, and Terrence Sejnowski. "Introduction to the Focused and Diffuse Modes." Coursera, accessed April 10, 2023. https://www.coursera.org/lecture/learning-how-to-learn/introduction-to-the-focused-and-diffuse-modes-75EsZ.

記憶技巧

Buzan, Tony. *Mind Map Mastery*. London: Watkins, 2018.

Foer, Jonathan. *Moonwalking with Einstein*. New York: Penguin, 2011.

Gluck, Mark. *Learning and Memory*. New York: Worth, 2019.

Horsley, Kevin. *Unlimited Memory*. TCK, 2016.

Lorayne, Harry. *The Memory Book*. New York: Ballantine, 1974.

"The Memory Techniques Wiki." Accessed April 10, 2023. https://artofmemory
.com/wiki/Main_Page.

O'Brien, Dominic. *You Can Have an Amazing Memory*. London: Watkins, 2011.

Schwandt, Jaime. "5 Proven Memorization Techniques to Make the Most of Your
Memory." Lifehack, September 28, 2022. https://www.lifehack.org/805775
/memorization-techniques.

清單

Gawande, Atul. *The Checklist Manifesto*. New York: Metropolitan, 2009.

Gawande, Atul. "The Checklist." *New Yorker*, December 2, 2007. https://www
.newyorker.com/magazine/2007/12/10/the-checklist.

Levitin, Daniel. *The Organized Mind*. New York: Dutton, 2014.

閱讀及筆記

Adler, Mortimer, and Charles Van Doren. *How to Read a Book*. New York: Touch-
stone, 1972.

Ahrens, Sonke. *How to Take Smart Notes*. Hamburg, Germany: Independently
Published, 2022.

"Classroom Strategies." UMass Dartmouth, accessed April 10, 2023. https://www
.umassd.edu/dss/resources/students/classroom-strategies/.

Ho, Leon. "9 Effective Reading Strategies for Quick Comprehension." LifeHack,
February 14, 2023. https://www.lifehack.org/899737/reading-strategies.

"Reading Better: Retaining and Applying What You Read." Farnam Street, accessed
April 10, 2023. https://fs.blog/reading/.

"Reading Techniques—Enhance Your Academic Skills." University of the People,
accessed April 10, 2023. https://www.uopeople.edu/blog/reading-techniques/.

"SQ3R." Wikipedia, last edited March 28, 2023. https://en.wikipedia.org/wiki/SQ3R.

"The Top 3 Most Effective Ways to Take Notes While Reading." Farnam Street,
accessed April 10, 2023. https://fs.blog/taking-notes-while-reading/.

Willingham, Daniel. *Outsmart Your Brain*. New York: Gallery, 2023.

問題解決

Holyoak, Keith J., and Robert G. Morrison, eds. *The Oxford Handbook of Thinking
and Reasoning*. New York: Oxford University Press, 2012.

Watanabe, Ken. *Problem Solving 101*. New York: Portfolio, 2009.

成長型心態

"Carol Dweck: A Summary of Growth and Fixed Mindsets." Farnam Street, accessed April 10, 2023. https://fs.blog/2015/03/carol-dweck-mindset/.
Duckworth, Angela. *Grit*. New York: Scribner, 2016.
Dweck, Carol. *Mindset*. New York: Random House, 2016.
Dweck, Carol. "What Having a 'Growth Mindset' Actually Means." *Harvard Business Review*, January 13, 2016. https://hbr.org/2016/01/what-having-a-growth-mindset-actually-means.
"Growth Mindset Activities." Khan Academy, accessed April 10, 2023. https://www.khanacademy.org/partner-content/learnstorm-growth-mindset-activities-us.
"Growth Mindset vs Fixed Mindset: An Introduction." TEDEd, accessed April 10, 2023. https://ed.ted.com/featured/qrZmOV7R.
https://www.mindsetworks.com/science/ is a website with various pedagogical tools used to encourage students to adopt a growth mindset.
Ricci, Mary Cay. *Nothing You Can't Do*. New York: Routledge, 2021.
Tough, Paul. *How Children Succeed*. New York: First Mariner, 2013.

失敗

Fattal, Isabel. "The Value of Failing." *Atlantic*, April 25, 2018. https://www.theatlantic.com/education/archive/2018/04/the-value-of-failing/558848/.
Gergen, Christoper, and Gregg Vanourek. "The Value of Failure." *Harvard Business Review*, October 2, 2008. https://hbr.org/2008/10/the-value-of-failure.
Losse, Kate. "The Art of Failing Upward." *New York Times*, March 5, 2016. https://www.nytimes.com/2016/03/06/opinion/sunday/the-art-of-failing-upward.html.
Maney, Kevin. "In Silicon Valley, Failing Is Succeeding." *Newsweek*, August 31, 2015. https://www.newsweek.com/2015/09/11/silicon-valley-failing-succeeding-367179.html.
Schulz, Kathryn. *Being Wrong*. New York: HarperCollins, 2010.
Syed, Matthew. *Black Box Thinking*. New York: Portfolio, 2015.

理解
假新聞

Davis, Wynne. "Fake or Real?" NPR, December 5, 2016. https://www.npr.org/sections/alltechconsidered/2016/12/05/503581220/fake-or-real-how-to-self-check-the-news-and-get-the-facts.
"Fake News." BBC, accessed April 10, 2023. https://www.bbc.com/news/topics/cjxv13v27dyt/fake-news.

Kiely, Eugene, and Lori Robertson. "How to Spot Fake News." FactCheck.org, November 18, 2016. https://www.factcheck.org/2016/11/how-to-spot-fake-news/.
Levitin, Daniel. *A Field Guide to Lies*. New York: Dutton, 2019. And a talk by Mr. Levitin is here: https://www.youtube.com/watch?v=3hK7Gd8UgmI.
Paulos, John Allen. *A Mathematician Reads the Newspaper*. New York: Basic, 2013.

廣告

Cialdini, Robert. *Influence: The Psychology of Persuasion*. New York: Harper Business, 2021.
Eyal, Nir. *Hooked: How to Build Habit-Forming Products*. New York: Portfolio, 2019.
Heath, Robert. "How Ads Manipulate Our Emotions." BBC Ideas, July 30, 2019. https://www.bbc.co.uk/ideas/videos/how-ads-manipulate-our-emotions---and-how-to-resis/p07j581q.
Stroebe, Wolfgang. "How Advertisements Manipulate Behavior." *Scientific American*, May 1, 2012. https://www.scientificamerican.com/article/the-subtle-power-of-hidden-messages/.

科學研究

Harford, Tim. *The Data Detective*. New York: Riverhead, 2021.
Pain, Elisabeth. "How to (Seriously) Read a Scientific Paper." *Science*, March 21, 2016. https://www.sciencemag.org/careers/2016/03/how-seriously-read-scientific-paper.
Raff, Jennifer. "How to Read and Understand a Scientific Paper." Huffpost, June 18, 2014. https://www.huffpost.com/entry/how-to-read-and-understand-a-scientific-paper_b_5501628.
Subramanyam, R. V. "Art of Reading a Journal Article: Methodically and Effectively." *Journal of Oral Maxillofacial Pathology* 17, no. 1 (2013): 65–70. https://www.ncbi.nlm.nih.gov/pmc/articles/PMC3687192/.
Zimmer, Carl. "How You Should Read Coronavirus Studies, or Any Science Paper." *New York Times*, June 1, 2020. https://www.nytimes.com/article/how-to-read-a-science-study-coronavirus.html.

投資

www.investforfree.org.
Hagstrom, Robert. *Investing: The Last Liberal Art*. New York: Texere, 2002.
Housel, Morgan. *The Psychology of Money*. Hampshire, UK: Harriman House, 2020.
Pompian, Michael. *Behavioral Finance and Your Portfolio*. Hoboken, NJ: Wiley, 2021.

快樂
工作

Clifton, John. *Blind Spot*. New York: Simon & Schuster, 2022.

Manson, Mark. *The Subtle Art of Not Giving a F*ck*. New York: HarperOne, 2016.

Rao, Srikumar. *Happiness at Work*. New York: McGraw Hill, 2010.

Simon-Thomas, Emiliana, and Dacher Keltner. "The Foundations of Happiness at Work." BerkeleyX, accessed April 9, 2023. https://www.edx.org/course/the-foundations-of-happiness-at-work.

Spicer, Andre, and Carl Cederstrom. "The Research We've Ignored About Happiness at Work." *Harvard Business Review*, July 21, 2015. https://hbr.org/2015/07/the-research-weve-ignored-about-happiness-at-work.

財產

Becker, Joshua. *The More of Less*. Colorado Springs, CO: WaterBrook, 2016.

Becker, Joshua. "What Is Minimalism?" Becoming Minimalist, November 13, 2019. https://www.becomingminimalist.com/what-is-minimalism/.

Jansson-Boyd, Cathrine. "Can Money Buy You Happiness? It's Complicated." Conversation, October 11, 2016. https://theconversation.com/can-money-buy-you-happiness-its-complicated-66307.

Kondo, Marie. *The Life-Changing Magic of Tidying Up*. San Francisco: Ten Speed, 2014.

Marchal, Jenny. "5 Reasons Why Experiences Make You Happier Than Possessions." LifeHack, April 4, 2018. https://www.lifehack.org/382287/5-reasons-why-experiences-make-you-happier-than-possessions.

Milburn, Josh, and Ryan Nicodemus. *Minimalism*. Missoula, MT: Asymmetrical, 2011.

Pozin, Ilia. "The Secret to Happiness?" *Forbes*, March 3, 2016. https://www.forbes.com/sites/ilyapozin/2016/03/03/the-secret-to-happiness-spend-money-on-experiences-not-things/#77f2084439a6.

斯多葛學派

Fraenkel, Carlos. "Can Stoicism Make Us Happy?" *Nation*, February 5, 2019. https://www.thenation.com/article/archive/massimo-pigliucci-modern-stoicism-book-review/.

Holiday, Ryan. *The Obstacle Is the Way*. New York: Portfolio, 2014.

Irvine, William. *A Guide to the Good Life*. New York: Oxford University Press, 2009.

Robertson, Donald. *Stoicism and the Art of Happiness*. London: Teach Yourself, 2018.

Sellars, John. "The Secret to Happiness Is Simple: Live Like a Stoic for a Week." *Independent*, September 28, 2018. https://www.independent.co.uk/voices/secret-to-happiness-stoic-epictetus-wellness-a8559126.html.

Shammas, Michael. "Want Happiness? Become a Practicing Stoic." *Huffpost*, January 23, 2014. https://www.huffpost.com/entry/want-happiness-become-a-p_b_3759317.

心理健康／認知行為治療

Bettino, Kate. "All About Cognitive Behavioral Therapy." *PsychCentral*, June 2, 2021. https://psychcentral.com/lib/in-depth-cognitive-behavioral-therapy/.

Mcleod, Saul. "Cognitive Behavioral Therapy: Types, Techniques, Uses." *Simply Psychology*, February 8, 2023. https://www.simplypsychology.org/cognitive-therapy.html.

"What Is Cognitive Behavioral Therapy?" American Psychiatric Association, accessed April 9, 2023. https://www.apa.org/ptsd-guideline/patients-and-families/cognitive-behavioral.

整體的幸福快樂

Dolan, Paul. *Happiness by Design*. New York: Hudson Street, 2014.

Gilbert, Daniel. *Stumbling on Happiness*. New York: Knopf, 2006.

Haidt, Jonathan. *The Happiness Hypothesis*. New York: Basic, 2006.

Harris, Dan. *10 Percent Happier*. New York: HarperCollins, 2014.

Lambert, Craig. "The Talent for Aging Well." *Harvard Magazine*, August 9, 2019. https://harvardmagazine.com/2019/08/the-talent-for-aging-well.

Mineo, Liz. "Good Genes Are Nice, But Joy Is Better." *Harvard Gazette*, April 11, 2017. https://news.harvard.edu/gazette/story/2017/04/over-nearly-80-years-harvard-study-has-been-showing-how-to-live-a-healthy-and-happy-life/.

Pasricha, Neil. *The Happiness Equation*. New York: G. P. Putnam's, 2016.

Rubin, Gretchen. *The Happiness Project*. New York: HarperCollins, 2009.

Santos, Laurie. "The Science of Well-Being." *Coursera*, accessed April 9, 2023. https://www.coursera.org/learn/the-science-of-well-being.

Schwartz, Barry. *The Paradox of Choice*. New York: ECCO, 2016.

Sternbergh, Adam. "Read This Story and Get Happier." *Cut*, May 2005. https://www.thecut.com/2018/05/how-to-be-happy.html.

致 謝

我想要感謝以下人士的協助、支持、啟發：

Zoë，我在這個寫作計畫最初也是最棒的合作對象，雖然她可能永遠無法理解她的編輯有多重要。

Quinn，他在還不會走路前就會獨立思考了，這是本計畫真正的靈感。

Cathleen，她始終如一的支持對我來說就是全世界，無論是這本書還是我們的生活。

爸，他對教學的熱愛感染了我，但願我有在這本書中傳達出他一小部分的熱情及技巧。

媽，總是挑戰現狀，且毫無保留地將這樣的基因傳給了她的孩子。

Ian，在知識上對應我「陰」的「陽」，提醒了我有時候還真的理性過了頭。

Gisela，我認識最久的朋友之一，三十年來激勵著我保持學習的熱忱。

所有提供建議讓這本書變得更棒的人，包括Jason McDougall、Alix Pasquet、Erik Hartog、Levi Merczel、Sonal Khot、Eli Lifton、Annie Duke、Neeti Madan、Shikhar Ranjan、Monica Lengyel Karlson、David Silver、Hillary Silver、Albert

Chen、Tony Sandoval，當然還有 Zoë。

Albertus Ang Hartono，又名 Everwinter，感謝他驚人的繪畫技巧和開朗的個性。

James Wood，感謝他在封面設計上的專業協助，以及這些年間在各種計畫中給予的藝術支持。

也要感謝我在哥倫比亞大學出版社的編輯 Brian Smith，他以友善又堅定的方式引領我走過整個出版過程，還有 Myles Thompson，從一開始就相信著這個計畫。

謝謝你們。

傑米・萊斯特

2024 年 1 月

國家圖書館出版品預行編目(CIP)資料

刻意暫停，再思考：讓你真正懂用的心智模型日常演練手冊，優化決策與學習能力，人生處處得心應手 / 傑米.萊斯特 (Jaime Lester) 著；楊詠翔譯. -- 初版. -- 新北市：日出出版：大雁出版基地發行, 2024.11
328 面；14.8*20.9 公分
譯自：Pause to think : using mental models to learn and decide.
ISBN 978-626-7568-40-8(平裝)
1.CST: 認知心理學
176.3　　　　　　　　　　　　　　113017066

刻意暫停，再思考

讓你真正懂用的心智模型日常演練手冊，優化決策與學習能力，人生處處得心應手

PAUSE TO THINK: Using Mental Models to Learn and Decide by Jaime Lester
Copyright © 2024 Jaime Lester
Chinese Complex translation copyright © 2024
by Sunrise Press, a division of AND Publishing Ltd.
Published by arrangement with Columbia University Press
through Bardon-Chinese Media Agency
博達著作權代理有限公司
ALL RIGHTS RESERVED

作　　者　傑米・萊斯特（Jaime Lester）
譯　　者　楊詠翔
責任編輯　李明瑾
封面設計　Dinner Illustration
內頁排版　陳佩君
發 行 人　蘇拾平
總 編 輯　蘇拾平
副總編輯　王辰元
資深主編　夏于翔
主　　編　李明瑾
行　　銷　廖倚萱
業　　務　王綬晨、邱紹溢、劉文雅
出　　版　日出出版
發　　行　大雁文化事業股份有限公司
　　　　　地址：新北市新店區北新路三段 207-3 號 5 樓
　　　　　電話：(02) 8913-1005　傳真：(02) 8913-1056
　　　　　劃撥帳號：19983379 戶名：大雁文化事業股份有限公司
初版一刷　2024 年 11 月
定　　價　499 元
版權所有・翻印必究
ISBN 978-626-7568-40-8